Paul Nopp

Innovative Geschäftsmodelle mit künstlicher Intelligenz

Innovationspotenzial, Chancen und Herausforderungen

Bibliografische Information der Deutschen Nationalbibliothek:

Die Deutsche Nationalbibliothek verzeichnet diese Publikation in der Deutschen Nationalbibliografie; detaillierte bibliografische Daten sind im Internet über http://dnb.d-nb.de abrufbar.

Impressum:

Copyright © Studylab 2021

Ein Imprint der GRIN Publishing GmbH, München

Druck und Bindung: Books on Demand GmbH, Norderstedt, Germany

Coverbild: GRIN Publishing GmbH | Freepik.com | Flaticon.com | ei8htz

Executive Summary

In dieser Bachelorarbeit geht es darum, einen Überblick über innovative Geschäftsmodelle mit künstlicher Intelligenz zu schaffen. Die methodische Vorgehensweise erfolgt rein literaturbasiert, es werden keine empirischen Elemente verarbeitet. Zur überblicksartigen Darstellung werden ausgewählte Anwendungsbeispiele künstlicher Intelligenz in unterschiedlichen Wirtschaftszweigen aus verschiedenen Blickwinkeln betrachtet.

Dafür werden zunächst Definitionen und Erklärungen der wichtigen Kernbegriffe „künstliche Intelligenz" und „innovatives Geschäftsmodell" aufbereitet, um das Begriffsverständnis rund um den Gegenstand der Bachelorarbeit zu schärfen. In weiterer Folge wird anhand konkreter, ausgewählter Beispiele aufgezeigt, welcher spezifische Nutzen den einzelnen Anwendungen innewohnt, welche Elemente des Geschäftsmodells (nach theoretischer Grundlage von Schallmo 2018 und Gassmann et al. 2017) innoviert werden und wie sich jeweils die Chancen und Herausforderungen in verschiedenen Bereichen gestalten. Die behandelten Bereiche von Geschäftsmodellen mit künstlicher Intelligenz umfassen: Allgemeine Anwendungen, Finanzen, Handel, Medizin, Mobilität, Produktion, Service, Sicherheit und Marketing. Nach eingehender Untersuchung jedes Bereichs werden Gemeinsamkeiten und Unterschiede der dargestellten Fälle betrachtet, wobei sich Effizienzvorteile als größter gemeinsamer Nenner zwischen unterschiedlichen Geschäftsmodellen mit künstlicher Intelligenz herausstellen. Eine weitere häufige Gemeinsamkeit im Hinblick auf Herausforderungen besteht in regulatorischen Hindernissen, die teilweise dafür sorgen, dass das volle Potenzial mancher Anwendungen nicht voll ausgeschöpft werden kann. Außerdem stellt sich heraus, dass sich künstliche Intelligenz auf alle Dimensionen von Geschäftsmodellen innovierend auswirken kann und hier keine eindeutige Tendenz feststellbar ist, was einen erwähnenswerten Unterschied der behandelten Fälle darstellt.

Am Ende wird auch kurz auf die Problematik des Abbaus menschlicher Arbeitskraft im Zusammenhang mit dem Ausbau künstlicher Intelligenz eingegangen, worin ein zentraler Kritikpunkt von Geschäftsmodellen mit künstlicher Intelligenz begründet liegt. Tatsächlich besteht (insbesondere im produzierenden Sektor) das Risiko von massiven Umwälzungen auf dem Arbeitsmarkt durch künstliche Intelligenz (DeCanio 2016, S. 289) – die Tätigkeiten, die bestehen bleiben, werden durch künstliche Intelligenz aber bereichert und tendenziell interessanter (Jarrahi 2018, S. 577). Nach der Betrachtung dieses Aspektes werden noch einmal die Wachstumspotenziale und Chancen hervorgehoben, wobei speziell für den produzierenden Sektor hohe Wachstumsgewinne durch künstliche Intelligenz prognostiziert werden (Seifert et al. 2018, S. 19), was zu der Schlussfolgerung führt, dass künstliche Intelligenz auf den produzierenden Sektor besonders bedeutsamen Einfluss hat.

Durch diesen Ausblick auf die Zukunft der Thematik und damit verbundener Fragestellungen wird die Bachelorarbeit zu einem Abschluss gebracht, bei dem die vielen Facetten des Themas und dessen Potenzial für die Zukunft der Wirtschaft, aber auch der Gesellschaft, noch einmal verdeutlicht werden.

Inhalt

Executive Summary III

1 Ausgangssituation 1
   1.1 Zielsetzung 1
   1.2 Themenabgrenzung 2

2 Künstliche Intelligenz 3
   2.1 Historischer Kontext – die Anfänge künstlicher Intelligenz 3
   2.2 Die Definition künstlicher Intelligenz 4

3 Innovative Geschäftsmodelle 9
   3.1 Definition Geschäftsmodell 9
   3.2 Definition Innovation 12
   3.3 Definition Geschäftsmodellinnovation 14

4 Innovative Geschäftsmodelle mit künstlicher Intelligenz 17
   4.1 Methodische Vorgehensweise 17
   4.2 Spracherkennung und Sprachsteuerung als allgemeine Anwendung künstlicher Intelligenz 20
   4.3 Automatische Anlage- und Investitionsentscheidung als Anwendung künstlicher Intelligenz im Finanzbereich 23
   4.4 Intelligente Prognosesysteme im Handel 26
   4.5 Automatische Patientenanalyse und Therapievorschläge als Anwendung von künstlicher Intelligenz in der Medizin 28

4.6 Autonome Fahrzeuge als Mobilitätsinnovation durch künstliche Intelligenz 30

4.7 Intelligente Vernetzung von Produktionsanlagen als Anwendung künstlicher Intelligenz im produzierenden Sektor 33

4.8 Chatbots als Anwendung künstlicher Intelligenz im Service 35

4.9 Kinderschutz als Anwendung künstlicher Intelligenz für mehr Sicherheit 37

4.10 Auffinden des perfekten Marketing-Mix durch künstliche Intelligenz im Marketing 39

4.11 Gemeinsamkeiten und Unterschiede von innovativen Geschäftsmodellen mit künstlicher Intelligenz 40

5 Schlusswort und Ausblick 43

Literaturverzeichnis 53

1 Ausgangssituation

"AIs are not human, but they may be humankind's greatest hope."

(Gurkaynak et al. 2016, S. 757)

"It remains to be seen whether the AIs will bring the benefits extolled by their promoters, or will inaugurate a dark future (or no future at all) for humanity."

(DeCanio 2016, S. 290)

Künstliche Intelligenz ist ein hochaktuelles Thema, das, wie aus den einleitenden Zitaten erkennbar ist, die Gemüter spaltet. Während die einen künstliche Intelligenz als Potenzial wahrnehmen, das unser aller Leben verbessern könnte, gibt es andere, die die Befürchtung hegen, dass künstliche Intelligenz zu erheblichen ökonomischen und sozialen Turbulenzen führen könnte und im Endeffekt große Teile menschlicher Arbeitskraft überflüssig machen könnte (Bitkom 2017, 89ff.). Manche gehen sogar noch weiter und vermuten in der Weiterentwicklung von künstlicher Intelligenz eine ernsthafte Gefahr für die Existenz der Menschheit (Gurkaynak et al. 2016, 749ff). Bei kaum einem anderen Thema verschwimmen dabei Realität und Science Fiction so sehr. Es ist mitunter schwierig zu erfassen, welche innovativen Ansätze schon existieren, wie vielfältig die Anwendungsmöglichkeiten tatsächlich sind und welche Aspekte künstlicher Intelligenz noch bloße Zukunftsmusik sind. Bei diesem Problem setzt diese Bachelorarbeit an: Sie schafft einen Überblick, welche innovativen Geschäftsmodelle mit künstlicher Intelligenz derzeit existieren und stellt dabei den derzeitigen Stand der Anwendungsmöglichkeiten von künstlicher Intelligenz dar.

1.1 Zielsetzung

Das Ziel der Bachelorarbeit ist es, einen strukturierten Überblick über innovative Geschäftsmodelle mit künstlicher Intelligenz in verschiedenen Bereichen zu schaffen. Die Forschungsfrage wird daher so formuliert: Welche innovativen Ansätze für Geschäftsmodelle mit künstlicher Intelligenz sind erkennbar? Dabei stehen jene Konzepte im Vordergrund, die entweder bereits existieren oder deren Verwirklichung mit großer Sicherheit in naher Zukunft absehbar ist. Utopische Zukunftsvorstellungen und vage Möglichkeiten werden nicht erörtert. Zudem wird nicht oder höchstens peripher auf die technische Funktionsweise der unterschiedlichen Anwendungsmöglichkeiten eingegangen - im Zentrum des Interesses steht das überblicksmäßige Aufzeigen von innovativen Geschäftsmodellansätzen im Bereich der künstlichen Intelligenz. Diese werden anhand von ausgewählten Beispielen in verschiedenen Bereichen präsentiert. Die Vorgehensweise erfolgt rein literaturbasiert und es werden keine empirischen Elemente verarbeitet. Näheres zur Literaturauswahl und zur Vorgehensweise allgemein wird im Abschnitt 4.1 erklärt.

1.2 Themenabgrenzung

Verschiedene ethische Probleme, die mehr oder weniger realitätsnah sind, überschatten die Auseinandersetzung mit diesem Themenbereich vielfach. Diese emotional geführte Diskussion, die die öffentliche Debatte über künstliche Intelligenz oft dominiert und auch durch verschiedene dystopische Hollywoodfilme Eingang in die Populärkultur gefunden hat (Gurkaynak et al. 2016, S. 751), wird in dieser Arbeit nicht thematisiert. Auf spezifische Herausforderungen der einzelnen innovativen Geschäftsmodelle wird hingewiesen, allgemeine ethische Fragen rund um das Thema künstliche Intelligenz sind jedoch, obgleich von Relevanz für die Materie, ein sehr breites Themengebiet, das in dieser Arbeit großteils vernachlässigt werden muss.

Vor der Erarbeitung des Kernthemas ist es nötig, einige Grundbegriffe zu definieren und somit auch letztendlich durch ein besseres Verständnis dieser zentralen Begriffe die Forschungsfrage weiter zu präzisieren. Die wichtigsten Begriffe, die hier näherer Erklärung bedürfen, sind die Begriffe „Künstliche Intelligenz" und „innovatives Geschäftsmodell". Diese werden im Folgenden genau untersucht. Nach einer genauen Beschreibung der Vorgehensweise in Abschnitt 4.1 erfolgt im Anschluss daran in den Abschnitten 4.2 bis 4.10 die überblicksmäßige Darstellung von Geschäftsmodellen mit künstlicher Intelligenz, deren Gemeinsamkeiten und Unterschiede in Abschnitt 4.11 thematisiert werden. Zum Abschluss der Bachelorarbeit wird versucht, einen Blick in die Zukunft des Themas *innovative Geschäftsmodelle mit künstlicher Intelligenz* zu werfen und die wichtigsten Aspekte der weiteren Entwicklung aufzugreifen.

Aufgrund der besseren Lesbarkeit wird in dieser Bachelorarbeit das generische Maskulinum verwendet. Es sei jedoch angemerkt, dass sich diese Formulierung, soweit nicht explizit erwähnt, gleichwertig auf beide Geschlechter bezieht. So inkludiert beispielsweise die Bezeichnung „Kunden" auch „Kundinnen".

2 Künstliche Intelligenz

In diesem Kapitel wird der Begriff der künstlichen Intelligenz genau erörtert. Um später innovative Geschäftsmodelle mit künstlicher Intelligenz aufzeigen zu können ist es unumgänglich, eine präzise Vorstellung davon zu schaffen, was unter künstlicher Intelligenz verstanden werden kann.

2.1 Historischer Kontext – die Anfänge künstlicher Intelligenz

Als einer der bedeutendsten Vordenker im Themenfeld der künstlichen Intelligenz gilt der Mathematiker Alan Turing (Scarcello 2019, S. 287). 1936 kam Turing zu dem Schluss, dass eine Rechenmaschine theoretisch möglich sein müsse, die in der Lage ist, alle Probleme zu lösen (Turing 1936). Umgelegt auf Intelligenz bedeutet das, dass künstliche Intelligenz dann möglich ist, wenn intelligentes Denken als mathematisches Problem beschrieben werden kann (Manhart 2018). Turing ging in seinen Überlegungen noch weiter und beschäftigte sich auch mit der Frage, wie man bei Vorhandensein einer entsprechenden künstlichen Intelligenz beweisen könnte, ob diese auf dem Niveau einer menschlichen Intelligenz operiert. Dazu entwarf er den bekannten *Turing-Test*, der dann als bestanden gilt, wenn eine Versuchsperson mit einem Menschen und einer Maschine kommuniziert ohne diese zu sehen und nicht feststellen kann, welches der beiden die menschliche und welches die künstliche Intelligenz ist (Turing 2009).

Obwohl das Thema Intelligenz die Menschen schon seit Jahrtausenden beschäftigte und sich bereits im antiken Griechenland Philosophen damit auseinandersetzten, wurde der Begriff der künstlichen Intelligenz erst durch den Namen einer von John McCarty organisierten Forschungskonferenz im Jahr 1956 geprägt und popularisiert (Scarcello 2019, S. 287). Aufgrund mangelhafter Rechenstärke der damaligen Computer ging die Entwicklung von künstlicher Intelligenz jedoch anfangs schleppend voran und unterrraf die Erwartungen um ein Vielfaches. Erst seit der Mitte der 1970er Jahre begann man mit intensiven Bemühungen um reale Einsatzmöglichkeiten von künstlicher Intelligenz, wobei man seitdem mit steigenden technischen Kapazitäten und steigenden Investitionen in das Thema auch immer größere Erfolge verzeichnen konnte (Manhart 2018). Heutzutage investieren viele Konzerne gewaltige Summen für die Entwicklung von künstlicher Intelligenz, wobei man sich durch die hohen Rechenkapazitäten und Möglichkeiten großer Datenverarbeitung sehr ausgereifte Anwendungsmöglichkeiten und damit Wettbewerbsvorteile erwartet (Manhart 2018).

2.2 Die Definition künstlicher Intelligenz

Es gibt keine einheitlich anerkannte Definition künstlicher Intelligenz, vielmehr gibt es unterschiedliche Sichtweisen, was künstliche Intelligenz ist. Für eine eindeutige Definition künstlicher Intelligenz fehlt es allein schon am Konsens, wie Intelligenz an sich zu definieren ist (Buxmann und Schmidt 2018, S. 6). Aufgrund dieser Tatsache wird in diesem Abschnitt der Arbeit versucht, charakteristische Merkmale von künstlicher Intelligenz zu identifizieren. Dabei wird zuerst erläutert, welche verschiedenen wissenschaftlichen Stoßrichtungen es zu diesem Thema gibt. Im Anschluss daran werden mit der Gegenüberstellung von schwacher künstlicher Intelligenz und starker künstlicher Intelligenz die Unterschiede der zwei wichtigsten Überkategorien künstlicher Intelligenz näher ausgeführt. Schließlich wird erklärt, warum in dieser Arbeit nur der Bereich der schwachen künstlichen Intelligenz eine Rolle spielt und es wird der Begriff des maschinellen Lernens untersucht, der für diese Art der künstlichen Intelligenz von elementarer Bedeutung ist.

2.2.1 Forschungsrichtungen

Carbonell et al. (2017, S. 3f.) unterscheiden drei Richtungen, in die die Forschung zur künstlichen Intelligenz unterteilt werden kann:

1. Aufgabenorientierung: Hier geht es primär darum, intelligente Systeme zu erschaffen, die eine oder mehrere festgelegte Aufgaben besonders gut bewältigen können.
2. Kognitive Simulation: Bei dieser Richtung geht es darum, Computersimulationen von menschlichen Denkweisen und Gedankenprozessen zu erstellen.
3. Theoretische Analyse: Dabei handelt es sich um theoretische Forschungen zu Lernmethoden und deren Darstellung in Algorithmen unabhängig von tatsächlichen Anwendungsmöglichkeiten. (Carbonell et al. 2017, S. 3–4)

Gemäß Carbonell et al. sind diese drei Strömungen aber nicht völlig unabhängig voneinander zu betrachten, sondern sie sind durch wechselseitige Verbindungen gekennzeichnet. So führen Erfolge in einer Richtung auch zu einem verbesserten Kenntnisstand in den anderen Richtungen (Carbonell et al. 2017, S. 4). Im Zuge dieser Bachelorarbeit geht es um betriebliche Anwendungsmöglichkeiten, wodurch aufgabenorientierte künstliche Intelligenz und die kognitive Simulation zumeist im Vordergrund stehen werden und die theoretische Analyse als Forschungsrichtung künstlicher Intelligenz weniger Beachtung finden wird.

2.2.2 Starke und schwache künstliche Intelligenz

Eine häufige Unterscheidung von künstlicher Intelligenz ist die Differenzierung zwischen einer schwachen und einer starken Form (Buxmann und Schmidt 2018, S. 6). Eine starke künstliche Intelligenz ist dabei eine Ausprägung künstlicher Intelligenz, die ähnlich dem menschlichen Geist funktioniert und auch Gefühle und ein Bewusstsein aufweist (Buxmann und Schmidt 2018, S. 6). Tatsächlich wurde diese Form der künstlichen Intelligenz noch nicht verwirklicht und es wird sogar angezweifelt, ob es überhaupt möglich ist, eine starke künstliche Intelligenz zu entwickeln (Wang 2007, S. 44). Ein sehr populäres Gedankenexperiment des amerikanischen Philosophen Searle (1980) liefert Argumente, warum das Kreieren einer starken künstlichen Intelligenz eine Unmöglichkeit darstellen könnte. Searle stellt sich dabei einen Mann in einem Zimmer vor, der absolut kein Chinesisch spricht, aber über eine Bedienungsanleitung der chinesischen Sprache verfügt, durch dessen Hilfe er es schafft, völlig korrekte chinesische Sätze zu bilden. Obwohl er nur die Instruktionen des Buches befolgt und kein Verständnis der chinesischen Sprache im eigentlichen Sinn aufweist, denken Menschen, die seine Sätze lesen, er sei der chinesischen Sprache mächtig. Diese Metapher von Searle soll zeigen, dass man einer künstlichen Intelligenz kein Bewusstsein oder Verständnis zuschreiben kann, selbst wenn es für einen Beobachter wirkt, als hätte sie Bewusstsein. Daraus ergibt sich die Unmöglichkeit einer starken künstlichen Intelligenz im Sinne einer künstlichen Intelligenz mit Bewusstsein, selbst wenn ein Programm in der Lage sein sollte, den Turing-Test zu bestehen (Searle 1980, 417ff.). Searle schreibt:

> "The point is that the brain's causal capacity to produce intentionality cannot consist in its instantiating a computer program, since for any program you like it is possible for something to instantiate that program and still not have any mental states. Whatever it is that the brain does to produce intentionality, it cannot consist in instantiating a program since no program, by itself, is sufficient for intentionality." (Searle 1980, S. 425)

Nachdem man sich allerdings einig ist, dass eine starke künstliche Intelligenz unabhängig von deren genauer Beschaffenheit bisher ohnehin noch nicht verwirklicht worden ist, wird die Debatte der Möglichkeit zur Schaffung einer solchen hier an dieser Stelle nicht weiter vertieft. Alle Anwendungen künstlicher Intelligenz, die in dieser Arbeit untersucht werden und die momentan existieren, zählen somit zur schwachen künstlichen Intelligenz. Doch auch hier braucht es gewisse Kriterien, um feststellen zu können, wann man von einer künstlichen Intelligenz sprechen kann und wann nicht. Pennachin & Goertzel (2007) schreiben, dass eine künstliche Intelligenz verschiedene Problemlösungsfähigkeiten mit sich bringen müsse, um sie als eine solche klassifizieren zu können. Sie muss fähig sein, Probleme effizient und kreativ unter kombinatorischem Einsatz ihrer Fähigkeiten lösen zu können. Außerdem ist es nötig, dass eine künstliche Intelligenz Lernfähigkeiten aufweist und zwar in zweierlei Hinsicht: Eine künstliche Intelligenz muss fähig sein, von der Umwelt und anderen Systemen zu lernen, aber auch von der eigenen „Erfahrung", das heißt die Fähigkeit muss besser werden, je öfter und länger sie ausgeübt wird (Goertzel und Pennachin 2007, S. 7). Diese Kriterien an Problemlösefähigkeiten und Lernfähigkeiten werden auch in dieser Arbeit als zentrale Kriterien für künstliche Intelligenz herangezogen und im nächsten Abschnitt weiter spezifiziert.

2.2.3 Maschinelles Lernen

Die Fähigkeiten einer Maschine zu lernen und auf kreative Weise Probleme zu lösen, die als zentrale Kriterien künstlicher Intelligenz identifiziert wurden, werden in der Literatur auch unter dem Begriff des maschinellen Lernens subsumiert. Maschinelles Lernen hat dabei grundsätzlich das Ziel, Charakteristika des organischen Lernens bestmöglich zu imitieren, wobei als Grundlage des maschinellen Lernens Daten dienen, deren Menge und Qualität die maschinelle Lernfähigkeit stark beeinflussen (Marsland 2015, S. 4). Marsland beschreibt maschinelles Lernen folgendermaßen:

> „Machine learning [...] is about making computers modify or adapt their actions [...] so that these actions get more accurate, where accuracy is measured by how well the chosen actions reflect the correct ones." (Marsland 2015, S. 4)

Wie beim menschlichen Lernen steht auch beim maschinellen Lernen das Ziel im Vordergrund, durch Erinnerung an Vergangenes oder die Verarbeitung von Informationen seine Handlungen zu verbessern, wobei dies durch Generalisierung auch teilweise in Situationen funktionieren soll, die von den bisher erlebten Situationen zumindest graduell abweichen (Marsland 2015, S. 4). Auch Argumentation und logische Schlussfolgerung können gemäß Marsland (komplexere) Elemente von organischem und maschinellem Lernen darstellen. Eine weitere Stoßrichtung maschinellen Lernens stellt *Data Mining* dar. Darunter wird die Bewertung und Auswahl sinnvoller Daten in gewaltigen Informationsmengen verstanden (Marsland 2015, S. 5).

Maschinelles Lernen kann in Computerprogrammen und Algorithmen erzeugt werden, wobei in jüngerer Vergangenheit vor allem künstliche neuronale Netze als technisches Medium maschinellen Lernens an Bedeutung gewonnen haben (Scarcello 2019, S. 292). Bei diesen wird versucht, die Funktionsweise des Gehirns technisch und digital nachzubilden, was besonders wirkungsvolles maschinelles Lernen ermöglichen soll (Scarcello 2019, S. 292).

Auch wenn maschinelles Lernen als die Darstellung verschiedener Elemente organischen Lernens in digitaler, künstlicher Form schon eine Begriffsdefinition darstellt, so wird der Bereich des maschinellen Lernens gemäß Marsland (2015) noch einmal präzisiert und in vier Kategorien anhand der Lernweise unterteilt:

1. **Überwachtes Lernen:** Für überwachtes Lernen wird eine gewisse Anzahl an Problemen und zugehörigen Lösungen bereitgestellt und die Maschine entwickelt anhand Generalisierung dieser Informationen Lösungen, die sie auch auf andere Situationen übertragen kann.

2. **Unüberwachtes Lernen:** Beim unüberwachten Lernen werden keine Lösungen bereitgestellt, sondern der Algorithmus versucht, durch statistische Häufungen die Problemstellungen selbstständig zu kategorisieren und die wichtigsten Elemente zu bestimmen.

3. **Verstärkendes Lernen:** Verstärkendes Lernen ist eine Form des maschinellen Lernens, die eine Zwischenform von überwachtem und unüberwachtem Lernen darstellt. Wenn der Algorithmus Antworten auf Problemstellungen sucht, wird ihm nur mitgeteilt, dass eine Antwort falsch ist, es wird ihm aber nicht die korrekte Lösung vermittelt. Dadurch muss er unterschiedliche Herangehensweisen versuchen, um zur richtigen Lösung zu kommen.

4. **Evolutionäres Lernen:** Hinter evolutionärem Lernen steht der Evolutionsgedanke, also die automatische Auswahl der für die jeweilige Umwelt am besten geeigneten Lösungen. Für einen Algorithmus wird dies umgesetzt, indem seine Lösungen bewertet werden und der Algorithmus folglich nach einer möglichst guten Bewertung strebt (Marsland 2015, 5ff.).

In dieser Bachelorarbeit werden Anwendungsmöglichkeiten aus allen genannten Bereichen des maschinellen Lernens thematisiert, solange sie den Kriterien für innovative Geschäftsmodelle, die im nächsten Abschnitt näher charakterisiert werden, entsprechen. Die zusammenfassende Abbildung 1 verbildlicht noch einmal überblicksmäßig die Unterteilungen, die bei diesem allgemeinen Teil über künstliche Intelligenz getroffen worden sind, um die Zusammenhänge der bisherigen Inhalte noch einmal zu veranschaulichen.

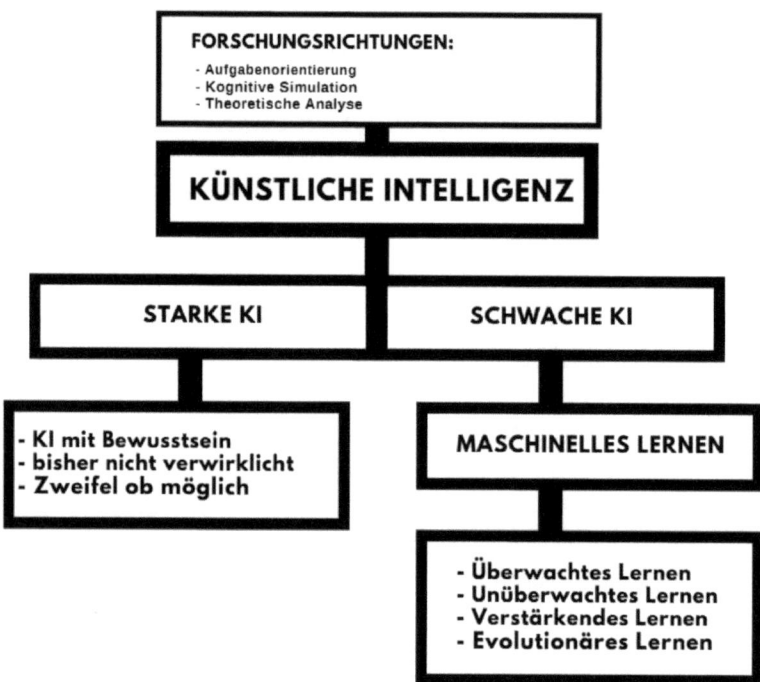

Abbildung 1: Zusammenhänge Themenbereiche KI
(© Paul Nopp)

3 Innovative Geschäftsmodelle

Im vorigen Abschnitt wurde mit der genauen Aufarbeitung des Begriffes der künstlichen Intelligenz schon das Verständnis zu einem Grundlagenbegriff dieser Arbeit geschaffen. In diesem Abschnitt wird der zweite Grundlagenbegriff der Forschungsfrage näher erläutert und es wird klargestellt, was in dieser Arbeit mit dem Ausdruck „innovatives Geschäftsmodell" gemeint wird. Dabei wird zuallererst erklärt, was unter einem „Geschäftsmodell" verstanden wird und im Anschluss wird die Frage geklärt, wodurch sich ein „innovatives" Geschäftsmodell auszeichnet.

3.1 Definition Geschäftsmodell

Es gibt eine Vielzahl an Definitionsmöglichkeiten für den Begriff des Geschäftsmodells. In dieser Arbeit werden mit der Geschäftsmodelldefinition von Schallmo (2018) und jener von Gassmann et al. (2013) zwei der populärsten Konzepte als theoretische Basis eines Geschäftsmodells ausgewählt. Es sei aber der Korrektheit und Vollständigkeit wegen angemerkt, dass es noch andere populäre Ansätze gibt, wie ein Geschäftsmodell definiert werden kann, diese aber nicht weiter ausgeführt werden, um eine Konzentration des Themas auf das Wesentliche sicherzustellen

Schallmo beschreibt ein Geschäftsmodell folgenderweise:

> „Ein Geschäftsmodell ist die Grundlogik eines Unternehmens, die beschreibt, welcher Nutzen auf welche Weise für Kunden und Partner gestiftet wird. Ein Geschäftsmodell beantwortet die Frage, wie der gestiftete Nutzen in Form von Umsätzen an das Unternehmen zurückfließt. Der gestiftete Nutzen ermöglicht eine Differenzierung gegenüber Wettbewerbern, die Festigung von Kundenbeziehungen und die Erzielung eines Wettbewerbsvorteils." (Schallmo 2018, S. 18)

Schallmo selbst spricht von fünf Dimensionen oder Elementen, die seine Geschäftsmodelldefinition darstellen soll (Schallmo 2018, S. 18) und die in dieser Definition berücksichtigt sind. Um ein präzises Verständnis davon zu schaffen werden diese fünf Dimensionen nach Schallmo in weiterer Folge herausgenommen und einzeln genauer erörtert. Dem gegenübergestellt werden die Ansätze von Gassmann et al. (2013, 251ff.), der Geschäftsmodelle durch vier Dimensionen in einer Dreiecksbeziehung definiert sieht. Diese Dreiecksbeziehung wird nach den einzelnen Dimensionen ebenfalls kurz erläutert werden.

3.1.1 Die Kundendimension

Zentrale Bestandteile der Kundendimension sind gemäß Schallmo (2018, 63ff.) alle Anknüpfungspunkte eines Unternehmens mit seinen Kunden, darunter besonders die Kundensegmente, die Kundenkanäle und die Kundenbeziehungen. Unter Kundensegmenten wird dabei zusammengefasst, welche verschiedenen Kundengruppen von einem Unternehmen angesprochen werden. Durch Kundenkanäle wird der Kontakt zu diesen aufgebaut und die Kommunikation aufrechterhalten (Kommunikationskanäle), Kundenkanäle bezeichnen aber auch alle Wege und Möglichkeiten, die Produkte an die Kunden zu verkaufen (Vertriebskanäle). Die Kundenbeziehung adressiert vor allem die Beschaffenheit der Kundenbindung an das Unternehmen. Wie aus diesen Bestandteilen klar erkennbar, stellt die Kundendimension eine marktorientierte strategische Außenperspektive auf Geschäftsmodelle dar (Schallmo 2018, 63ff.). Auch im Modell von Gassmann et al. (2013, S. 252) spielt die Kundendimension eine zentrale Rolle, wobei es hierbei vor allem um die Frage geht, wer die Zielkunden sind.

3.1.2 Die Nutzendimension

Die Nutzendimension existiert sowohl im Modell von Schallmo (2018) als auch in jenem von Gassmann et al. (2013, S. 252). Im Kern geht es bei der Nutzendimension darum, welche Leistungen (Produkte und Dienstleistungen) den Kunden geboten werden und wie sich der Nutzen dieser für den Kunden ergibt und vom Nutzen der Wettbewerber abgrenzt (Schallmo 2018, 67f.). Damit eng verbunden sind natürlich Fragen der Positionierung, wo es schließlich darum geht, den Kunden besondere Anreize zum Kauf zu bieten. Die Artikulation eines ansprechenden Nutzenversprechens für den Kunden kann somit ebenfalls als marktorientierter externer strategischer Einflussfaktor erachtet werden.

3.1.3 Die Wertschöpfungsdimension

Die Wertschöpfungsdimension gemäß Schallmo (2018) umfasst die Art und Weise, wie die betriebliche Leistungserstellung funktioniert und legt dabei besonderen Fokus auf die dafür essenziellen (materiellen und immateriellen) Ressourcen, Fähigkeiten und Prozesse (Schallmo 2018, 69ff.). Das umschließt damit verbundene Fragestellungen über Kernkompetenzen, Strukturen und Systeme eines Unternehmens (Schallmo 2018, 69ff.). Durch die Wertschöpfungsdimension beleuchtet man also Geschäftsmodelle gezielt aus einer ressourcenorientierten strategischen Innenperspektive. Die Elemente der Wertschöpfungsdimension von Schallmo lassen sich bei Gassmann et al. (2013, S. 252) ebenfalls wiederfinden. Diese Dimension konzentriert sich dabei aber vor allem auf die Wertschöpfungskette mit ihren Abläufen und Prozessen und beantwortet dadurch die Frage, wie die Leistung erstellt wird (Gassmann et al. 2013, S. 252).

3.1.4 Die Partnerdimension

Im Mittelpunkt dieser Dimension von Schallmo (2018) stehen auf ähnliche Weise wie bei der Kundendimension die Partner, die Partnerkanäle und die Partnerbeziehungen. Als Partner werden dabei jene Anspruchsgruppen bezeichnet, die einen kooperativen Anteil an der Leistungserstellung aufweisen, wie etwa Geschäftspartner, Lieferanten und strategische Partner. Durch Partnerkanäle erfolgt der Informationsaustausch (Kommunikationskanäle), aber auch die Beschaffung von extern verfügbaren Ressourcen (Beschaffungskanäle). Die Partnerbeziehung wird vor allem durch die formelle und informelle Bindung der Partner an das jeweilige Geschäftsmodell charakterisiert (Schallmo 2018, 72ff.). In dieser expliziten Form als eigene Dimension kommen Partner bei Gassmann et al. (2013) nicht vor. Natürlich können die Partner aber als Bestandteil der Wertschöpfungskette verstanden werden, wodurch dieses Element von Geschäftsmodellen auf diese Weise auch im Modell von Gassmann et al. (2013) repräsentiert wird.

3.1.5 Die Finanzdimension

Die Finanzdimension stellt die monetäre Komponente in Schallmos Geschäftsmodelldefinition dar. Sie behandelt Fragestellungen rund um Umsätze (auf welche Weise sie entstehen und wie sie dem Unternehmen zufließen) und Kosten (Schallmo 2018, 75ff.). Sie entspricht der Dimension der Ertragsmechanik im Modell von Gassmann et al. (2013, S. 252), wo es darum geht, wie in einem Unternehmen Wert erzielt wird.

3.1.6 Dreiecksdarstellung nach Gassmann et al. (2017)

Im Gegensatz zu Schallmo stellen Gassmann et al. diese Dimensionen graphisch dar. Wie in Abbildung 2 erkennbar, sind sie jeweils Teile eines Dreiecks, in dessen Zentrum die Kundendimension steht. Dadurch wird verdeutlicht, dass ein Geschäftsmodell als großes Ganzes betrachtet werden sollte, dessen Dimensionen unmittelbar miteinander verknüpft sind, wobei Veränderungen an einem Element auch Auswirkungen auf andere Bereiche nach sich ziehen (Gassmann et al. 2017, S.

7). Von einer Geschäftsmodellinnovation wird laut Gassmann et al. (2017, S. 8) dann gesprochen, wenn mindestens zwei dieser vier Dimensionen verändert werden, Details dazu werden jedoch in Abschnitt 3.3 beschrieben.

Abbildung 2: Geschäftsmodelldimensionen nach Gassmann et al. (2017, S. 7)

3.2 Definition Innovation

Nachdem im vorigen Abschnitt der Begriff des Geschäftsmodells durch die Ansätze von Schallmo und Gassmann et al. erklärt worden ist, geht es nun darum, ein Verständnis für den Begriff „Innovation" zu schaffen. Danach werden die beiden Begriffe zusammengeführt und es wird klar gestellt, was in dieser Arbeit unter einem innovativen Geschäftsmodell verstanden wird.

Gerpott (2013, S. 37) schreibt folgendes über den Begriff „Innovation":

> „Aus betriebswirtschaftlicher Sicht sind Innovationen von Unternehmen mit der Absicht der Verbesserung des eigenen wirtschaftlichen Erfolgs am Markt oder intern im Unternehmen eingeführte qualitative Neuerungen."

Diese Definition des Innovationsbegriffes wird in weiterer Folge auch in dieser Bachelorarbeit herangezogen, wobei sie im Anschluss noch näher erläutert wird und auf die unterschiedlichen Merkmale von Innovationen genau eingegangen wird.

3.2.1 Innovationsobjekt

Bei einer Innovation als qualitative Neuerung gilt es festzustellen, worauf sich diese Neuerung bezieht. Dieser Bezugspunkt wird Innovationsobjekt genannt (Gerpott 2013, 38ff.). Sowohl Produkte, als auch Prozesse oder auch organisationale Änderungen als soziale Innovation können gemäß Gerpott (2013, S. 38) Innovationsobjekte sein. Auch bei anderen Autoren, wie etwa bei Vahs & Burmester (2002, 73ff), werden Produktinnovationen, Prozessinnovationen und Sozialinnovationen als Möglichkeiten von Innovationsobjekten genannt.

3.2.2 Auslöser der Innovation

Innovationen können nach ihrem Auslöser unterschieden werden. So gibt es einerseits sogenannte Pull-Innovationen; das sind Neuerungen, die den Unternehmen vom Markt (durch hohe Nachfrage in einem Bereich zum Beispiel) aufgedrängt werden (Vahs und Burmester 2002, S. 79; Gerpott 2013, S. 41). Andererseits gibt es Innovationen, die von einzelnen Unternehmen ausgehen und oftmals durch einen Technologievorsprung dieser Unternehmen ausgelöst werden. Diese Art von Innovationen werden Push-Innovationen genannt (Vahs und Burmester 2002, S. 79; Gerpott 2013, S. 41).

3.2.3 Innovationsgrad

Der Grad der Innovation wird in der Literatur ebenfalls als wesentliches Merkmal von Innovationen beschrieben (Gerpott 2013, S. 43; Vahs und Burmester 2002, S. 82). Die einfachste Unterteilung von Innovationen nach ihrem Innovationsgrad besteht in einer Unterteilung zwischen inkrementalen und radikalen Innovationen, die folgendermaßen definiert werden:

> „**Inkrementalinnovationen** erfolgen in bereits bestehenden oder verwandten Märkten und auf bekannten Anwendungsgebieten (Basis- und Schlüsseltechnologien). [...] Demgegenüber weisen **Radikalinnovationen** einen hohen Neuheitsgrad (Schrittmachertechnologien, neue Märkte) auf und bewirken einschneidende und komplex-interdependente Veränderungen im Unternehmen."
> (Vahs und Burmester 2002, S. 82)

Auch wenn diese grobe Unterteilung in inkrementelle und radikale Innovationen zunächst simpel erscheint, ist das in der unternehmerischen Praxis oft nicht so leicht zu unterscheiden. Gerpott (2013, S. 43) schreibt dazu:

„Im praktischen Einzelfall ist die Klassifikation einer Innovation als inkremental oder radikal bzw. die Erfassung des Innovationsgrades von Produkten oder Verfahren [...] meist schwierig, da es an allgemein akzeptierten Methoden zur Gewinnung operationaler und objektiver Messkriterien des Innovationsgrades fehlt."

3.2.4 Bezugseinheit zur Feststellung der Neuigkeitseigenschaft

Die Bezugseinheit zur Feststellung der Neuigkeitseigenschaft gibt an, aus welchem Blickwinkel eine Neuerung besteht (Gerpott 2013, S. 46). Gerpott (2013, S. 46) spricht mit einer unternehmensorientierten, einer kundenorientierten und einer wettbewerbsorientierten Perspektive von drei unterschiedlichen Sichtweisen, aus welchen eine Innovation erkennbar sein kann. Bei der unternehmensorientierten Perspektive ist die Neuerung innerhalb eines Unternehmens erkennbar und kann etwa durch Befragung von Entscheidungsträgern erhoben werden. Die kundenorientierte Perspektive gibt Aufschluss darüber, ob die Innovation aus Kundensicht erkennbar ist, was unter anderem mittels Kundenbefragungen determiniert werden kann. Bei der wettbewerbsorientierten Perspektive geht es darum, ob ein Unternehmen allein über die Innovation verfügt, oder ob auch Wettbewerber auf dem Markt, auf dem das Unternehmen agiert, diese Neuerung aufweisen (Gerpott 2013, 46f.). Eine Neuerung muss nicht zwingendermaßen aus allen drei Perspektiven erkennbar sein, damit von einer Innovation die Rede sein kann, sondern kann auch nur aus einer einzelnen Perspektive ersichtlich sein. Im Sinne einer Geschäftsmodellinnovation nach Schallmo (2014) ist es hingegen schon notwendig, wie in Abschnitt 3.3.1 näher erklärt, dass der Kunde die Innovation wahrnimmt.

3.3 Definition Geschäftsmodellinnovation

Nachdem bereits definiert wurde, was in dieser Arbeit unter einem Geschäftsmodell und einer Innovation verstanden wird, sollte auch schon eine ungefähre Idee davon entstanden sein, wie der Begriff „innovative Geschäftsmodelle" in der Forschungsfrage im Zuge dieser Arbeit aufgefasst und verwendet wird, der jetzt noch einmal kurz präzisiert wird. Ein „innovatives Geschäftsmodell" im Sinne der Forschungsfrage ist dabei deckungsgleich mit dem vieldiskutierten Terminus „Geschäftsmodellinnovation" zu verstehen. Für dieses Begriffsverständnis werden wiederum die populären Ansätze von Schallmo (2014) und Gassmann et al. (2017) herangezogen.

3.3.1 Geschäftsmodellinnovation nach Schallmo und Gassmann et al.

In Abbildung 3 sind die Bestandteile der Geschäftsmodellinnovation laut Schallmo (2014, 12f.) abgebildet. Wie hier erkennbar, stellen einzelne Elemente oder das gesamte Geschäftsmodell Innovationsobjekte dar. Sowohl fundamentale als auch inkrementelle Veränderungen sind dabei im Zuge einer Geschäftsmodellinnovation möglich. Als Bezugseinheit für die Feststellung der Neuigkeitseigenschaft steht vor allem der Kunde im Mittelpunkt, aus dessen Perspektive erkennbare Neuerungen vorliegen sollten (Schallmo 2014, S. 13).

Die Nutzendimension steht hierbei klar im Vordergrund – eine Geschäftsmodellinnovation erfolgt primär mit dem Ziel, für Kunden und Partner einen neuartigen Nutzen zu kreieren, sich dadurch vom Wettbewerb abzuheben und für das eigene Unternehmen einen schwer imitierbaren Wettbewerbsvorteil zu schaffen. Zudem sollten sich die innovierten Geschäftsmodellelemente gegenseitig verstärken, um das Wachstum anzukurbeln (Schallmo 2014, S. 13).

Zielsetzung:
Kombination von Geschäftsmodell-Elementen (z.B. Kundensegmente, Leistungen):
→ Stiftung von Nutzen für Kunden und Partner auf eine neue Weise
→ Differenzierung gegenüber Wettbewerbern.
→ Festigung von Kundenbeziehungen und Erzielung eines Wettbewerbsvorteils
→ schweren Imitierbarkeit des Geschäftsmodells
→ gegenseitigen Verstärkung der Elemente zur Erzielung von Wachstum

Prozess:
Abfolge von Aufgaben und Entscheidungen zur
Entwicklung, Implementierung und Vermarktung eines Geschäftsmodells

Innovationsobjekte:	Innovationsgrade:	Bezugseinheit:
einzelne Geschäftsmodell-Elemente bzw. gesamtes Geschäftsmodell	inkrementell bzw. radikal	Kunde, Wettbewerb, Industrie, eigenes Unternehmen

Abbildung 3: Bestandteile der Geschäftsmodellinnovation laut Schallmo (2014, S.13)

Bei Gassmann et al. (2017, S. 8) stellt eine Geschäftsmodellinnovation, wie bereits in Abschnitt 3.1.6 erwähnt, eine innovative Veränderung von mindestens zwei der vier Dimensionen eines Geschäftsmodells, wie sie in Abbildung 2 veranschaulicht wurden, dar. Dieses Verständnis von Geschäftsmodellinnovation lässt weniger Interpretationsspielraum frei als jenes von Schallmo (2014), wo auch die Innovation einzelner Elemente eine Geschäftsmodellinnovation sein kann, wenn die Ziele damit erreicht werden. Die breitere Auffassung des Begriffs von Schallmo hat natürlich den Vorteil, dass darin mehr relevante Sachverhalte inkludiert sind, hat jedoch den Nachteil, dass die Eindeutigkeit, ob ein Geschäftsmodell ein innovatives Geschäftsmodell ist oder nicht, manchmal nicht zweifelsfrei feststellbar ist. In weiterer Folge werden daher sowohl die Ansätze von Schallmo, als auch jene von Gassmann et al. als theoretische Basis für die innovativen Geschäftsmodelle mit künstlicher Intelligenz herangezogen. Damit wird sichergestellt, dass die Geschäftsmodelle facettenreich beleuchtet werden. Sollten die Differenzen zwischen den Sichtweisen von Schallmo und Gassmann et al. Zweifel daran aufkommen lassen, ob es sich um ein innovatives Geschäftsmodell handelt oder nicht, wird explizit darauf hingewiesen.

4 Innovative Geschäftsmodelle mit künstlicher Intelligenz

Die Spezifizierungen zu den Begriffen „innovatives Geschäftsmodell" und „künstliche Intelligenz" haben verdeutlicht, wie die Forschungsfrage dieser Bachelorarbeit und die darin enthaltenen Formulierungen in weiterer Folge verstanden werden sollten. In diesem Abschnitt der Arbeit wird zuallererst die methodische Vorgehensweise erklärt. Im Anschluss daran werden, wie schon zuvor angedeutet, die innovativen Geschäftsmodelle mit künstlicher Intelligenz überblicksmäßig aufgezeigt.

4.1 Methodische Vorgehensweise

Die methodische Vorgehensweise umfasst Fragen betreffend die Literaturauswahlkriterien, die Suchstrategie und die Auswahlkriterien jener Geschäftsmodelle, die in weiterer Folge bei der überblicksmäßigen Darstellung näher betrachtet werden.

4.1.1 Literaturauswahl und Suchstrategie

Im Themenbereich der künstlichen Intelligenz gab es in den letzten Jahren erheblichen technischen Fortschritt. Dieser Umstand wurde in der Literaturauswahl insofern berücksichtigt, als dass keine Quellen zu Geschäftsmodellen mit künstlicher Intelligenz herangezogen wurden, die vor mehr als 5 Jahren veröffentlicht worden sind. Wissenschaftliche Artikel in renommierten Journalen laufen durch einen Peer-Review Verfahren, wodurch sie ebenfalls kaum das aktuelle Zeitgeschehen abbilden können. Außerdem besteht bei Artikeln in wissenschaftlichen Fachjournalen das Problem, dass diese kaum konkrete Geschäftsmodelle aufgreifen, sondern sehr genau auf technische Aspekte oder Probleme, die künstliche Intelligenz im Allgemeinen betreffen, eingehen, was nicht so sehr im Zentrum des Interesses dieser Bachelorarbeit steht. Es finden sich somit tendenziell wenige dieser Artikel in der gewählten Literatur zu den Geschäftsmodellen, sondern erst später wieder beim Ausblick in Abschnitt 5. Den Großteil der Literatur machen Dossiers von Beratungsunternehmen (z. B. McKinsey, PwC) und Expertenbeiträge in Publikationen von qualitativ hochwertigen Verlagen (z. B. Springer, Schäffer Poeschel) aus. Beiträge in Tageszeitungen und Magazinen wurden in der ursprünglichen Literaturrecherche zu den Geschäftsmodellen vernachlässigt, sie wurden jedoch in Form von hochaktuellen Beispielen an mancher Stelle zur Unterstützung der Argumentation verwendet.

Nach Festlegung dieser Kriterien wurde mit einschlägigen akademischen Suchwerkzeugen (insbesondere mit Google Scholar und EBSCOhost) recherchiert, welche innovativen Geschäftsmodelle mit künstlicher Intelligenz momentan existieren bzw. sich in unmittelbarer Zukunft abzeichnen. Hierbei wurden 30 relevante Quellen gefunden, die sich mit diesem Thema auseinandersetzen.

4.1.2 Auswahl der Geschäftsmodelle

In diesen 30 gefundenen Quellen konnten insgesamt 49 Geschäftsmodelle mit künstlicher Intelligenz identifiziert werden. Alle diese Geschäftsmodelle wurden inklusive Literaturverweis, Kurzbeschreibung und (falls angegeben) Beispielunternehmen in eine Liste eingetragen (siehe Appendix) und anschließend nach Themengebiete der Anwendungen sortiert. Hierbei wurden neun Themengebiete festgelegt, innerhalb welcher sich die Geschäftsmodelle einordnen lassen, wobei Wert darauf gelegt wurde, breite Themengebiete zu definieren, in die sich möglichst viele Geschäftsmodelle unterordnen lassen, um die Komplexität zu reduzieren:

1. **Allgemein:** Dieses Themengebiet umfasst jene Anwendungen, die sich nicht auf einen Bereich beschränken, sondern meist sehr umfangreiche Möglichkeiten für verschiedenste Betriebe in unterschiedlichen Bereichen darstellen und sich nicht eindeutig in eine der anderen Kategorien einordnen lassen.
2. **Finanzen:** Darunter fallen alle Geschäftsmodelle mit künstlicher Intelligenz, die in dem Banken-, Versicherungs- und Investitionsbereich zugeordnet werden können.
3. **Handel:** Zu dieser Kategorie wurden sowohl Anwendungen gezählt, die den Online-Handel betreffen, als auch jene, die den klassischen Handel betreffen.
4. **Medizin:** Dieser Bereich umschließt alle Anwendungen im Zusammenhang mit körperlicher und mentaler Gesundheit.
5. **Mobilität:** Unter dem Begriff Mobilität sind alle Themengebiete subsumiert, in denen es um Fortbewegung im weiteren Sinn geht.
6. **Produktion:** Alle Anwendungen, die sich vorwiegend auf den produzierenden Sektor beziehen, fallen in diese Kategorie.

7. **Sicherheit:** Dieses Themengebiet umfasst alles, was im weiteren Sinne mit dem Thema Sicherheit zu tun hat, was sowohl das Thema Internetsicherheit, als auch das Thema der öffentlichen Sicherheit umfasst.
8. **Service:** Alle Geschäftsmodelle, die den Kundenservice innovieren, sind unter dieser Kategorie zusammengefasst. Obwohl Service unterschiedliche Unternehmen in verschiedensten Branchen betreffen könnte, wurde er als selbstständige Kategorie ausgegliedert, da es eine Reihe an Geschäftsmodellen gibt, die sich speziell mit diesem Thema auseinandersetzen. Dasselbe gilt auch für den Bereich Marketing.
9. **Marketing:** In diesem Bereich sind alle Geschäftsmodelle inkludiert, in denen es vorwiegend um Innovationen bezüglich der Kundensegmentierung, der Zielkundenbestimmung und der Positionierung des eigenen Unternehmens gegenüber den Kunden geht.

Da es nicht zielführend ist, im Rahmen dieser Arbeit sehr oberflächlich auf alle 49 Geschäftsmodelle einzugehen, wurde aus jedem Themenbereich ein repräsentatives Beispiel gewählt, auf das näher eingegangen wird. So wird gewährleistet, dass ein thematischer Überblick über das Thema der Geschäftsmodelle mit künstlicher Intelligenz stattfindet, ohne dass die Darstellung oberflächlich wird.

Alle der 49 gefundenen innovativen Geschäftsmodelle sind bedeutende Erneuerungen und könnten in Zukunft wichtige Anwendungen darstellen, beziehungsweise tun dies teilweise schon heute. Dennoch wird für jeden Bereich jene Anwendung herausgenommen, die in den meisten unterschiedlichen Quellen Erwähnung findet. Dies soll nicht zwingenderweise bedeuten, dass das die „wichtigste" Anwendung im jeweiligen Bereich darstellt (das lässt sich kaum feststellen), vielmehr hat dies den pragmatischen Grund, dass jene Anwendung die ist, die durch die meisten Blickwinkel am differenziertesten beleuchtet werden kann. Folgende Geschäftsmodelle mit künstlicher Intelligenz werden vorgestellt:

Bereich	Geschäftsmodell	Anzahl der Quellen
Allgemein	Spracherkennung oder Sprachsteuerung zur effizienteren oder automatisierten Gestaltung von Abläufen	6
Finanzen	Automatische Anlage- und Investitionsentscheidungen durch eine KI, die Markttrends erkennt, die für Menschen nicht ersichtlich sind, darunter auch automatische Aktienanalyse durch KI	5
Handel	Effizienzsteigerung durch KI Prognosesystem (auch im Bereich Retouren, Restbestände & Inkasso)	2
Medizin	Therapievorschlag nach KI gesteuerter Analyse von Patientendaten	6
Mobilität	Autonome Fahrzeuge und die damit verbundenen Möglichkeiten	8
Produktion	Intelligente Vernetzung von Produktionsanlagen bzw. Teilen davon	6
Service	Chatbots und die damit verbundenen Möglichkeiten	6
Sicherheit	KI gesteuerter Kinderschutz, der erkennt, wenn sich sexuelle Belästigung anbahnt	1
Marketing	Auffinden des perfekten Marketing - Mix durch den Einsatz von künstlicher Intelligenz, automatischer Kundenanalyse und Nachfrageprognose	4

Bei den Geschäftsmodellen in den Bereichen Sicherheit und Handel gibt es noch andere mit derselben Anzahl an Erwähnungen in unterschiedlichen Quellen. Hier wurde jenen Anwendungen der Vorrang gegeben, welche in der Literatur am detailliertesten aufbereitet waren.

Nachdem die Methodik nun erläutert worden ist, werden die neun ausgewählten Geschäftsmodelle beschrieben und mit der Theorie aus den Abschnitten 3 und 4 abgeglichen. Im Anschluss an jedes Beispiel wird versucht, besondere Herausforderungen und Chancen von innovativen Geschäftsmodellen im jeweiligen Bereich zu identifizieren. Danach wird vor dem Schlusswort und Ausblick in Abschnitt 5 noch versucht, bereichsübergreifende Gemeinsamkeiten zu finden und zu thematisieren.

4.2 Spracherkennung und Sprachsteuerung als allgemeine Anwendung künstlicher Intelligenz

In der gefundenen Literatur wurde besonders oft auf diverse Anwendungen von Spracherkennung und Sprachsteuerung hingewiesen. Beide sind sehr vielfältig einsetzbar sind und daher als „Allgemein" klassifiziert worden. Bei der Spracherkennung geht es darum, gesprochene Wörter und Sätze in ein für den Computer verständliches Format zu übertragen, dieser kann in weiterer Folge im Sinne einer Sprachsteuerung die so erhaltenen Anweisungen umsetzen (Lu et al. 2018, S. 370). Die Anwendung muss hierbei wissen, wie sie mit diversen sprachlichen Formen zurechtkommt. So wird sie darauf programmiert, Silben und Wörter zu erkennen, Regeln der Grammatik sinnvoll umzusetzen, aber auch Umgangssprache und Kontext zu berücksichtigen (Herbrich 2018, S. 70). Zudem lernt das Programm durch Erfahrung, seinen Wortschatz ständig zu erweitern und sich nach längerer Nutzung mit den Spracheigenheiten des Besitzers vertraut zu machen und sich somit besser auf diesen einzustellen (Kharchenko et al. 2018, S. 388). Dadurch sind alle Kriterien an Lernfähigkeit und Problemlösefähigkeit vorhanden, um im Sinne der Definition von Absatz 2.2 bei Spracherkennung und Sprachsteuerung von einer künstlichen Intelligenz zu sprechen.

4.2.1 Beispiel: Amazon

Ein sehr beispielhaftes Geschäftsmodell, das in diesen Bereich fällt und näher erläutert wird, ist Alexa, ein sprachgesteuertes Assistenzsystem von Amazon. Äußerlich präsentiert sich dieses System als ein kleines Gerät mit Lautsprecher und Mikrofon, die auf Spracheingaben basierte KI kann allerdings verschiedene organisatorische, informative oder unterhaltsame Fähigkeiten ausführen (Herbrich 2018, S. 70) und kann somit bei unterschiedlichen Aufgaben eine unterstützende Rolle einnehmen. Das Arsenal an Handlungsmöglichkeiten, das Alexa aufweist, wird dabei ständig ausgebaut, da (externe) Entwickler diese ähnlich wie Apps programmieren und den Kunden zur Verfügung stellen können (Herbrich 2018, S. 70). Die Bandbreite der unterschiedlichen Einsatzgebiete ist damit sehr weit und für manche Anspruchsgruppen besonders interessant; Alexa stellt beispielsweise für pflegebedürftige Menschen und ältere Menschen, die mit gewöhnlichen Benutzeroberflächen an Computern nicht gut umgehen können, eine wertvolle Hilfsmöglichkeit dar (Reichel et al. 2018, 77ff.).

Dieses intelligente Assistenzsystem von Amazon ist eine völlig neue Möglichkeit zur Unterstützung bei diversen Alltagsaufgaben, was sich auch an den in Abschnitt 3.1 behandelten Geschäftsmodelldimensionen zeigt. Durch Alexas Allzweckfähigkeiten bekommt Amazon eine große Menge an Informationen über seine Kunden und über deren Verhalten, woraus sich natürlich Vorteile in der Gestaltung der Kundendimension nach Schallmo (2018) ergeben. Durch diesen

Mehrwert, der dem Unternehmen bei der Kundenanalyse entsteht, ergibt sich auch ein innovativer Ansatz der Finanzdimension im Beispiel Amazon, da sich aus der Nutzung der Kundendaten monetäre Vorteile generieren lassen und der Wert bei Alexa nicht bloß durch den Verkauf des Produktes generiert wird, sondern vor allem durch diese Daten. Weiters lassen sich viele Aufgaben für Kunden mit Alexa schneller, einfacher und unkomplizierter lösen und wirken sich somit auch maßgeblich auf die Nutzendimension (Schallmo 2018, 63ff.) aus. Diese Innovationen an Kundendimension, Nutzendimension und Finanzdimension, bzw. an den Elementen Wer, Was und Wert nach Gassmann et al. (2017) verdeutlichen, dass es sich um ein innovatives Geschäftsmodell handelt. Diese Innovation wurde von Kunden auch wahrgenommen und fand regen Absatz – wie erst kürzlich publik wurde, hat Amazon bereits mehr als 100 Millionen Geräte mit dem intelligenten Assistenzsystem Alexa verkauft (Redaktion Chip/ DPA 2019).

4.2.2 Chancen und Herausforderungen

Die Chancen im Bereich Spracherkennung und Sprachsteuerung sind vielfältig und umfassen eine breite Palette von Anwendungsmöglichkeiten. Während auf das Beispiel von Amazons Alexa genauer eingegangen wurde, gibt es noch eine Vielzahl an weiteren Möglichkeiten, wie diese KI Systeme Einsatz finden können. So wird in der Literatur auch oft das Beispiel eines intelligenten Callcenters erwähnt. In einem solchen werden Anrufe von einer KI beantwortet, was zwar einerseits einen hohen Grad der technischen Ausgereiftheit der KI-Anwendung erfordert, andererseits aber auch die Wartezeiten erheblich reduziert und im Endeffekt durch Einsparungen im Personalbereich große finanzielle Vorteile mit sich bringt und allgemein die Effizienz eines Callcenters enorm steigert (Kharchenko et al. 2018, 383ff.; Hildesheim und Michelsen 2018, 125ff.).

Abseits der vielzähligen Möglichkeiten gibt es natürlich auch Kritik. Im Falle von Amazons Alexa stehen hierbei Fragen um Datenschutz und Privatsphäre im Vordergrund. So wird dem System von Gegnern vorgeworfen, ein ständig aktives Abhörgerät darzustellen, das die Benutzer unter Dauerüberwachung stellt (Fabry 2018). Dieser Vorwurf wird besonders dadurch befeuert, dass Alexa ständig „zuhören" muss, um das Kommandowort „Alexa" zu verstehen, das sie aktiviert (Zirm 2017). Neben diesem Umstand sorgen einige Ereignisse für Zweifel an sicherem Datenschutz bei Alexa – so sendete Alexa beispielsweise ein Privatgespräch eines Paares an Arbeitskollegen (Fabry 2018) und Alexas

Aufzeichnungen wurden für die Klärung eines Mordfalles herangezogen (Zirm 2017).

4.3 Automatische Anlage- und Investitionsentscheidung als Anwendung künstlicher Intelligenz im Finanzbereich

Eine Studie von Tkáč und Verner (2016, S. 797), bei der die Forschungsintensität von verschiedenen Anwendungen künstlicher Intelligenz anhand von 412 Publikationen im Zeitraum zwischen 1994 und 2015 gemessen wurde, zeigte, dass der Finanzbereich am häufigsten Gegenstand von Forschung zum Thema Anwendungen künstlicher Intelligenz war. Die Anwendungen rund um Ausfallwahrscheinlichkeitsberechnungen, Aktienanalyse und Bonitätsvergabe kamen dabei besonders häufig vor (Tkáč und Verner 2016, S. 797). In der im Zuge dieser Bachelorarbeit durchsuchten Literatur wurde im Finanzbereich intelligente Aktienanalyse und in weiterer Folge automatische Anlage- und Investitionsentscheidung am öftesten als Anwendung künstlicher Intelligenz erwähnt. Gemäß einer Metastudie von Moro et al. (2015, 1314ff.), bei der 219 Artikel auf intelligente Anwendungen im Bankbereich untersucht wurden, stellt dies das in der wissenschaftlichen Literatur am zweithäufigsten diskutierte Anwendungsfeld dar. Das in der wissenschaftlichen Literatur am häufigsten diskutierte Thema sind Kreditfähigkeitsfeststellungen und Ausfallwahrscheinlichkeitsberechnungen durch intelligente Algorithmen, was in weiterer Folge Kreditvergabemöglichkeiten determiniert (Moro et al. 2015, S. 1322). Auch Betrugserkennung durch intelligente Datenanalyse stellt einen wichtigen Themenbereich in der Fachliteratur dar (Moro et al. 2015, S. 1314). Auch wenn es nicht das nach Moro (2015) meistbehandelte Gebiet ist, wird in weiterer Folge die automatische Anlage- und Investitionsentscheidung als Anwendung künstlicher Intelligenz näher behandelt, weil sich diese durch die gefundene Literatur am differenziertesten darstellen lässt. Außerdem ist Moros Studie, die im Jahr 2015 durchgeführt wurde, womöglich nicht mehr aktuell, weil durch das Aufkommen von Fintechs in den letzten Jahren intelligente Anlagemöglichkeiten enorm an Bedeutung gewonnen haben (Tiberius und Rasche 2017, 1ff.). An der New York Stock Exchange und der Nasdaq werden inzwischen schon drei Viertel aller Transaktionen von Algorithmen durchgeführt (Schimanski und Matyschik 2017, S. 95). Diese berechtigten Zweifel an der Aktualität einer knapp vier Jahre alten Studie verdeutlichen einmal mehr die rasanten Änderungen, die in diesem Bereich vorgehen.

4.3.1 Beispiel: Damantis

Am Beispiel von Damantis, einem Online-Vermögensverwalter von Aktienportfolios (Schimanski und Matyschik 2017, S. 90), lässt sich verdeutlichen, was unter dieser Anwendung von künstlicher Intelligenz gemeint ist und wo die Vorteile liegen. Damantis bietet unterschiedliche Dienstleistungen an, die alle im Zusammenhang stehen mit intelligenter Investition. Einerseits werden automatische, auf einem Algorithmus basierte Aktienanalysen angeboten. In einem weiteren Schritt wird zusätzlich zu diesen Analysen auch eine Anlageberatung mittels künstlicher Intelligenz angeboten. In einem letzten Schritt der Automatisierung werden vollständig von Algorithmen erstellte und verwaltete Portfolios angeboten (Schimanski und Matyschik 2017, S. 92). Diese drei Möglichkeiten richten sich an unterschiedliche Kundengruppen mit unterschiedlichen Präferenzen am Grad der Automatisierung, wobei Damantis durch Gebühren oder Renditebeteiligungen Gewinn macht (Schimanski und Matyschik 2017, S. 92).

Der intelligente Algorithmus untersucht 4000 Aktien auf verschiedene Kennzahlen und Parameter und verwaltet gleichzeitig das gehaltene Portfolio mit Rücksicht auf wichtige Aspekte wie Diversifikation und Risiko (Schimanski und Matyschik 2017, S. 91). Dabei muss er durch Prozesse des maschinellen Lernens dynamisch und kontextspezifisch agieren (Schimanski und Matyschik 2017, 92ff.), wodurch hier eine künstliche Intelligenz gemäß der Definition von Absatz 2.2 vorliegt.

Durch Kundenanalyse kann dabei jedem Kunden ein Portfolio angeboten werden, das ideal auf die jeweiligen Bedürfnisse und individuellen Erwartungen abgestimmt ist (Schimanski und Matyschik 2017, 92ff.), wodurch sich eine Innovation der Kundendimension nach Schallmo (2018) gegenüber herkömmlichen Finanzangeboten ergibt. Zudem unterliegt ein Algorithmus logischerweise nicht den menschlichen Wahrnehmungsverzerrungen und Voreingenommenheiten und kann dadurch objektivere Entscheidungen treffen, insbesondere im Bereich der Risikoeinschätzung, da hier die menschliche Risikoaversion üblicherweise eine besonders verzerrende Entscheidungskomponente darstellt (Lu et al. 2018, S. 370; Wu et al. 2014, S. 2). Außerdem hat der Algorithmus einen sehr breiten Marktüberblick und erkennt dadurch Markttrends, die einem menschlichen Beobachter verborgen bleiben würden (Bitkom 2017, S. 43). All dies schafft für den Kunden einen einzigartigen Nutzen und innoviert die Nutzendimension des Geschäftsmodells gemäß der Definition von Schallmo (2018). Diese Innovationen an Kundendimension und

Nutzendimension bzw. an den Elementen Wer und Was nach Gassmann et al. (2017) zeigen, dass es sich um ein innovatives Geschäftsmodell im Sinne der Forschungsfrage handelt, obgleich die Finanzdimension, Partnerdimension und Wertschöpfungsdimension keine deutlichen Innovationen gegenüber herkömmlichen Finanzangeboten aufweisen.

4.3.2 Chancen und Herausforderungen

Die Chancen, die sich Anbieter wie Damantis von den Vorteilen von automatisierten Anlage- und Investitionsentscheidungen erhoffen, sind wie üblich im Finanzbereich entsprechende Überrenditen. Laut eigener Aussage übertrifft Damantis auch regelmäßig gewisse Benchmarks (Schimanski und Matyschik 2017, S. 91), wobei nicht spezifiziert wird, worum es sich bei diesen Benchmarks handelt, wodurch die Aussagekraft dieser Angabe als sehr niedrig einzuschätzen ist. Allgemein kann aber sicherlich festgehalten werden, dass künstliche Intelligenz durch die erwähnten Vorteile vermutlich bessere Resultate im aktiven Anlagemanagement erzielen kann als der Mensch und hier eine effiziente Einsatzmöglichkeit vorliegt. Es wurden jedoch in der Literatur keine zuverlässigen Hinweise darauf gefunden, ob diese in der Lage ist, eine passive Investitionsstrategie in einen breiten Marktindex langfristig zu übertreffen. Die Möglichkeit einer solchen aktiv erwirtschafteten Überrendite gegenüber dem Marktindex wird in der finanzwirtschaftlichen Theorie manchmal durchaus angezweifelt, beispielsweise in der Random-Walk-Hypothese, die postuliert, dass Aktienkurse einem Zufallspfad folgen, wonach jegliche Analyseanstrengungen obsolet werden (Steiner et al. 2012, S. 228). Abseits von solchen Überlegungen ist der Nachteil der Investitionsalgorithmen, dass diese nach wie vor von Menschen programmiert werden und somit technische Probleme und Programmierfehler vorliegen können, die teure Folgen haben können. So kam es 2010 zu einem kurzfristigen Einbruch des US-Marktes aufgrund einer Kettenreaktion von Entscheidungen durch Algorithmen (Schimanski und Matyschik 2017, S. 96). Derartige Kettenreaktionen aufgrund einer zu sensiblen Einstellung gewisser Parameter oder einer zu mechanischen Reaktion auf aktuelle Daten könnten mit einem höheren Automationsgrad im Anlage- und Investitionsbereich natürlich immer größere Ausmaße erreichen, könnten aber auch durch weitere Verbesserungen an der künstlichen Intelligenz vielleicht in Zukunft identifiziert und vermieden werden (Schimanski und Matyschik 2017, S. 96).

4.4 Intelligente Prognosesysteme im Handel

Der Handel sah sich in der jüngeren Vergangenheit mit besonderen Herausforderungen im Zusammenhang mit Digitalisierung konfrontiert. Wie in Abbildung 4 erkennbar ist, wuchs der Anteil der Bevölkerung, der im Internet Einkäufe tätigt, rasant.

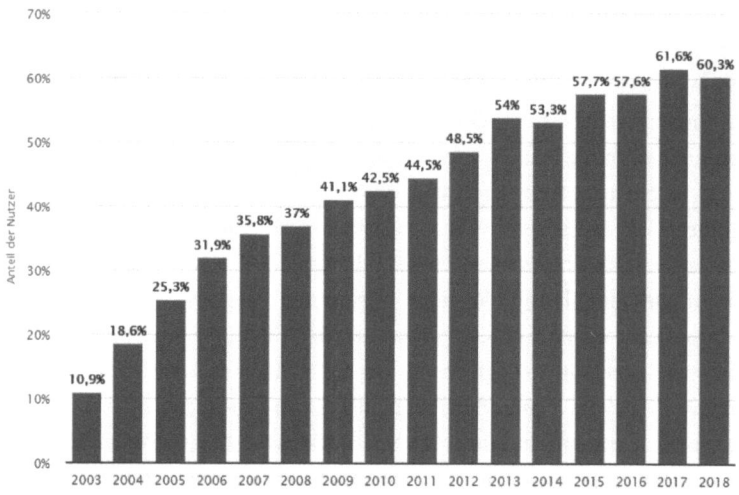

Abbildung 4: Anteil der Online-Käufer an der österreichischen Bevölkerung (Statistik Austria)

In diesem Zusammenhang fallen eine sehr große Menge an Kundendaten an, die sich perfekt als Grundlage für diverse Anwendungen künstlicher Intelligenz eignen (Hillebrand und Finger 2015, S. 94), von der Findung eines perfekten Marketing-Mix bei der Kundenansprache (näheres dazu im Abschnitt 4.10) bis hin zur Lieferung durch intelligente Drohnensysteme, wie sie etwa Amazon geplant hat (Herbrich 2018, S. 67; Bitkom 2017, S. 49).

4.4.1 Beispiel: Otto

Als repräsentatives Beispiel für Anwendungen künstlicher Intelligenz im Handel wird der deutsche Multichannelhändler Otto herangezogen. Otto steigerte den Onlineanteil an seinem Verkaufsvolumen von 15% im Jahr 2003 auf 65% im Jahr 2014 und beschäftigt sich intensiv mit unterschiedlichen Möglichkeiten intelligenter Datenauswertung (Hillebrand und Finger 2015, 93ff.). Blue Yonder, ein Teilunternehmen der Otto Group, entwarf das intelligente Prognosesystem

NeuroBayes, mit dem sich die Effizienz auf unterschiedlichen Ebenen steigern ließ. So wurden durch intelligente Datenanalyse dynamische Preisfindung und Einkaufsprognosen verbessert, Retouren um 20-40% gesenkt, und auch die Restbestände am Saisonende konnten stark verringert werden (Hillebrand und Finger 2015, S. 95; Bitkom 2017, S. 47). Außerdem nutzt Otto mit einer weiteren Software (collectAI) ein intelligentes Prognosesystem zur Verwaltung von Forderungen, das den optimalen Zeitpunkt und den optimalen Kommunikationsweg festlegt, Kunden zur Bezahlung der Rechnung zu informieren und damit Inkasso vermeidet (Bitkom 2017, S. 47). Diese intelligenten Prognosesysteme werden nach längerer Verwendung immer akkurater, da sie im Sinne des maschinellen Lernens durch Erfahrung besser werden (Bitkom 2017, S. 47), wodurch sie auch eine künstliche Intelligenz gemäß Definition in Abschnitt 2.2 darstellen.

Die Ansprache des Kunden durch den richtigen Kundenkanal bei der Rechnung und die bessere prognosebasierte Angebotstellung an den Kunden, wodurch sich Retouren vermeiden lassen, die sowohl für Otto als auch für den Kunden Aufwand darstellen, zeigen die Innovation an der Kundendimension und der Nutzendimension nach Schallmo (2018). Durch intelligente dynamische Preisfindung und das intelligente Forderungsmanagement wird auch die Finanzdimension des Geschäftsmodells innoviert. Diese Innovationen an Kundendimension, Nutzendimension und Finanzdimension bzw. an den Elementen Wer, Was und Wert nach Gassmann et al. (2017) zeigen, dass es sich um ein innovatives Geschäftsmodell im Sinne der Forschungsfrage handelt.

4.4.2 Chancen und Herausforderungen

Aus der Anwendung von KI-Prognosesystemen ergibt sich die Chance vielfältiger Effizienzvorteile in unterschiedlichen Bereichen durch die intelligente Auswertung von einer Datenmenge, die von menschlicher Arbeitskraft niemals sinnvoll ausgewertet werden könnte. Die unterschiedlichen spezifischen Vorteile von dieser Anwendung im Fall von Otto wurden bereits im vorherigen Abschnitt genauer erörtert. Eine Herausforderung in diesem Bereich ist sicherlich der Konkurrenzdruck, da mehrere Onlinehändler, insbesondere Amazon (siehe Abschnitt 4.2), mit Hochdruck an neuen innovativen KI-Systemen arbeiten, was es in einer ohnehin volatilen, unsicheren, komplexen und ambiguen Branche sehr schwer macht, am Zahn der Zeit zu bleiben (Hillebrand und Finger 2015, 91ff.).

4.5 Automatische Patientenanalyse und Therapievorschläge als Anwendung von künstlicher Intelligenz in der Medizin

Die Vorteile von künstlicher Intelligenz können auch im Gesundheitssektor umgesetzt werden, wobei hier in der untersuchten Literatur vor allem automatische Patientenanalyse mit anschließendem Therapievorschlag besonders häufig genannt wurden. Dass medizinische Anwendungen beim Thema künstlicher Intelligenz von großer Bedeutung sind zeigt sich unter anderem im *„Ranking des Einflusses von AI auf Basis ihres Potenzials, Zeit zu schaffen, Qualität zu steigern und Personalisierung zu verbessern"* der Beratungsfirma PwC, die Anwendungen im Bereich Gesundheit an erster Stelle vor Anwendungen zum Thema Mobilität (Rang 2, siehe Abschnitt 4.6) und Finanzdienstleistungen (Rang 3, siehe Abschnitt 4.3) reiht (pwc 2018, S. 4). Auch Garbuio (2018) schreibt zu Anwendungen von KI in der Medizin:

"AI has the potential to revolutionize the way clinical staff access information and how administrative staffs manage resources and financial outcomes."

Die künstliche Intelligenz kann Muster in gewissen Krankheiten erkennen und sie mit anderen ihr bekannten Fällen vergleichen, um eine ideale Therapielösung für den individuellen Fall zu finden (Kaeser 2015, S. 27), welche Sie dem Arzt schlüssig mit Verweisen auf entsprechende Fachliteratur darlegt (Hildesheim und Michelsen 2018, S. 127). Je mehr Muster sie bearbeitet und kennt, umso präziser und besser wird dabei die Diagnose (Bogdan 2018, S. 40), weswegen man hier von einer künstlichen Intelligenz gemäß Definition in Abschnitt 2.2 sprechen kann. Grundsätzlich ist das für alle Krankheiten möglich, in der Literatur werden jedoch Krebsdiagnosen (Bitkom 2017, S. 52; Bach et al. 2017, S. 285; Bogdan 2018, S. 40) und die Radiologie (Bach et al. 2017, S. 285; Bogdan 2018, S. 41; Kaeser 2015, S. 27) als Hauptanwendungsgebiete genannt.

4.5.1 Beispiel: Shanghai Changzheng - Krankenhaus

Als Beispiel zur Anwendung im medizinischen Bereich dient das Changzheng-Krankenhaus in China, wo solche Technologie bereits verwendet wird. In China werden jedes Jahr 1,4 Milliarden radiologische Scans durchgeführt, es gibt hingegen nur 80000 Radiologen (Bogdan 2018, S. 41). Diese Menge an Scans lässt sich mit der vorhandenen Anzahl an Radiologen kaum bewältigen, weswegen das Shanghai Changzheng-Krankenhaus auf eine wie zuvor beschriebene künstliche Intelligenz setzt, der es möglich ist, aus CT-Scans und Röntgenbildern die Muster zu erkennen, die auf Lungenkrebs hindeuten (Bogdan 2018, S. 41). Der Einsatz dieser Technologie verspricht schnellere und bessere Diagnostik, was natürlich eine Innovation an der Nutzendimension nach Schallmo (2018) ist. Das Abgleichen der individuellen Diagnosen mit bereits vorhandenen Elementen in einer Datenbank (Kaeser 2015, S. 27), wobei die effiziente künstliche Intelligenz viel menschliche Arbeitskraft ersetzt und präzisiert, stellt eine Innovation an der Wertschöpfungsdimension (Schallmo 2018) dar. Auch bei der Partnerdimension nach Schallmo (2018) könnten sich Innovationen ergeben, da bei einem größeren Datenschatz die künstliche Intelligenz immer genauer wird, wodurch sich spezielle Vorteile bilden können, wenn Krankenhäuser kooperieren und Zugriff auf größere gemeinsame Datenbanken haben (Bach et al. 2017, S. 285; Kaeser 2015, 27f.). Diese Innovationen an Nutzendimension, Wertschöpfungsdimension und Partnerdimension bzw. an den Elementen Was und Wie nach Gassmann et al. (2017) zeigen, dass es sich um ein innovatives Geschäftsmodell im Sinne der Forschungsfrage handelt.

4.5.2 Chancen und Herausforderungen

Der medizinische Bereich und vor allem die Krebsdiagnostik ist natürlich ein hochsensibles und überaus wichtiges Thema, dementsprechend groß und bedeutend sind die Chancen hier einzuschätzen. Eine künstliche Intelligenz, die hier Verbesserungen bringt, hat das Potenzial, viele Menschenleben retten zu können. Einerseits ist dies möglich durch die erwähnten Verbesserungen in der bestehenden Diagnostik durch ideale Therapievorschläge und Unterstützung der Ärzte in ihrer Entscheidungsfindung, andererseits entsteht hier auch großes Potenzial durch mögliche Früherkennung, da die künstliche Intelligenz durch intelligente Datenauswertung schon früh Muster erkennen kann, die Menschen verborgen bleiben (Bach et al. 2017, S. 285). Dies zeigte sich unter anderem schon in Japan, wo einer Frau von der künstlichen Intelligenz „IBM Watson" ein Fall von Leukämie diagnostiziert wurde, der von den Ärzten nicht erkannt worden war (Bach et al. 2017, S. 285). Ein weiteres, sehr aktuelles Beispiel an der Johannes Kepler Universität in Linz verdeutlicht die Effizienzvorteile der künstlichen Intelligenz im medizinischen Bereich. Eine Expertengruppe und eine Studentengruppe traten gegen eine künstliche Intelligenz an, wobei es darum ging, Proteine in einer Zelle zu identifizieren. 200 Bilder, welche sowohl der KI als auch den menschlichen Mitstreitern unbekannt waren, mussten analysiert werden. Während der beste menschliche Experte die Aufgabe in circa 5 Stunden mit einer Genauigkeit von 72% lösen konnte, schaffte die künstliche Intelligenz das in 26 Sekunden mit einer Genauigkeit von 91% (nachrichten.at 2019). Diese Zahlen zeigen das Ausmaß der möglichen Verbesserung durch den Einsatz von künstlicher Intelligenz in diesem Bereich sehr deutlich.

Auf der anderen Seite stehen den Chancen auch Herausforderungen durch die Sensibilität von medizinischen Daten gegenüber, was sich in strikten Reglementierungen im Hinblick auf Datenschutzgesetze und somit Forschungseinschränkungen sowie in Patientenmisstrauen gegenüber möglichen schweren Verletzungen der Privatsphäre äußert (Bogdan 2018, S. 40). Bogdan (2018, S. 40) schreibt dazu:

> „Das Problem dazu liegt nicht so sehr auf der technischen, sondern auf der regulativen Seite: Nicht alles, was technisch möglich ist, ist auch im Sinne der Patienten."

4.6 Autonome Fahrzeuge als Mobilitätsinnovation durch künstliche Intelligenz

Autonome Fahrzeuge sind jener Bereich, der in der durchsuchten Literatur mit Erwähnungen in acht unterschiedlichen Quellen am häufigsten genannt wurde und im *„Ranking des Einflusses von AI auf Basis ihres Potenzials, Zeit zu schaffen, Qualität zu steigern und Personalisierung zu verbessern"* der Beratungsfirma PwC (2018, S. 4) den zweiten Rang nach den Anwendungen im Bereich Gesundheit belegt. Die vielfachen Erwähnungen in der Literatur sind sicherlich einerseits dem Einfluss der Autoindustrie im deutschsprachigen Raum geschuldet, der diesem Thema in der deutschsprachigen Literatur mehr Gewicht verleiht, andererseits aber auch den unterschiedlichen Möglichkeiten, die sich für den Bereich autonomes Fahren ergeben. Diese reichen von autonomen Metrosystemen, wie sie etwa in Dubai oder Riad bereits verwirklicht wurden (Kaeser 2015, S. 27) über autonome Fahrzeuge im Logistikbereich, wo zum Beispiel autonome Drohnen und Roboter Regale einräumen könnten (Seifert et al. 2018, S. 14) bis hin zu autonomen Fahrzeugen in der Landwirtschaft und im Individualverkehr (McKinsey & Company 2017, S. 23).

Das Grundkonzept autonomer Fahrzeuge ist dabei immer sehr ähnlich, weswegen alle diese Möglichkeiten unter diesen einen Bereich subsumiert wurden. Autonome Fahrzeuge verlassen sich auf eine Reihe von Sensoren, die ihnen Informationen über die Beschaffenheit ihrer Umgebung liefern und agieren darin entsprechend (McKinsey & Company 2017, S. 23). Durch diesen Umstand allein wäre noch keine künstliche Intelligenz gemäß Definition in Abschnitt 2.2 begründet. Die Kriterien an Problemlösefähigkeiten und Lernfähigkeiten werden aber dadurch erfüllt, dass die autonomen Fahrzeuge mit einer Cloud verbunden werden und durch Algorithmen von verschiedenen Situation lernen können, die irgendwo unter allen in der Cloud vernetzten Fahrzeugen aufgetreten sind, was im Laufe der Zeit die Einzelleistung und Anpassung eines jeden Fahrzeuges im Netzwerk erhöht und maximale Sicherheit ermöglicht (McKinsey & Company 2017, 23f.; Degenhart 2015, S. 53).

4.6.1 Beispiel: Tesla

Unterschiedliche Hersteller arbeiten derzeit an vollautonomen Autos, darunter Volkswagen (Hilbert et al. 2018, 173ff.), Google und Tesla (McKinsey & Company 2017, S. 23). Tesla bietet bereits autonome Autos zum Verkauf an, wobei das Problem an der Nutzung dieser weniger die Technologie, sondern gesetzliche Regulierungen sind (näheres dazu im Abschnitt 4.6.2). Daraus ergeben sich mehrere interessante Geschäftsmodelle, die im Weiteren näher betrachtet werden.

So kann natürlich allein der Verkauf eines autonomen Autos ein innovatives Geschäftsmodell darstellen. Dessen autonome Eigenschaften erleichtern viele Dinge für die Kunden und diese können (zumindest theoretisch) ihre Aufmerksamkeit wichtigeren Dingen zukommen lassen als der Steuerung ihres Fahrzeuges, außerdem ist ein autonomes Fahrzeug niemals unaufmerksam und daher auch sicherer (McKinsey & Company 2017, 23f.). Das ist eine klare Innovation der Nutzendimension nach Schallmo (2018). Ob allein der Verkauf eines autonomen Autos ein innovatives Geschäftsmodell im Sinne der Forschungsfrage ist, ist jedoch fraglich, da die Innovationen vor allem die Nutzendimension betreffen und die Definition einer Geschäftsmodellinnovation nach Gassmann et al. (2017) Innovationen an mindestens zwei Dimensionen verlangt.

Es gibt jedoch innovative Geschäftsmodellideen mit autonomen Fahrzeugen, die zwar noch nicht verwirklicht wurden, aber in näherer Zukunft absehbar sind, womit sie ebenfalls relevant sind. Eine dieser Ideen sind Car-Sharing Dienste mit autonomen Fahrzeugen. Car-Sharing erfreut sich Dank Unternehmen wie Uber oder Lyft immer größerer Beliebtheit, vor allem bei der jüngeren Bevölkerung (Kollmann und Schmidt 2016, S. 96). Ein autonomes Fahrzeug hätte hier neben einer wie zuvor schon erwähnten höheren Sicherheit Effizienzvorteile, da (logischerweise) das Gehalt des Fahrers wegfallen würde und das Auto rund um die Uhr betrieben werden könnte, mit Ausnahme von Pausen um es aufzutanken oder zu warten (McKinsey & Company 2017, S. 23). Dies stellt zusätzlich zur

Innovation auf die Nutzendimension auch eine Innovation der Wertschöpfungsdimension nach Schallmo (2018) dar und wäre somit auch nach Gassmann et al. (2017) durch Innovationen der Elemente Was und Wie zweifelsohne ein innovatives Geschäftsmodell.

4.6.2 Chancen und Herausforderungen

Zu den Chancen autonomer Fahrzeuge zählen wie bereits erwähnt Effizienzvorteile und Veränderungen des Individualverkehrs durch autonomes Car-Sharing, aber auch Vorteile an Sicherheit und die Möglichkeit der Kunden, durch die Automatisierung der Steuerung viel Zeit zu gewinnen, die anderweitig verwendet werden kann.

Herausforderungen ergeben sich vor allem im regulativen Bereich. In unterschiedlichen Ländern herrschen unterschiedliche Rechtsvorschriften bezüglich autonomer Fahrzeuge, wodurch möglicherweise nicht alle Vorteile der Technik restlos ausgeschöpft werden können. Auf der Website von Tesla steht diesbezüglich folgender Hinweis: *„Bitte beachten Sie, dass die Funktionalität für autonomes Fahren auf ausgedehnten Softwaretests basiert und rechtliche Zulassung erfordert, die zwischen den einzelnen Rechtsprechungen stark variieren kann."* (Tesla 2018)

Und selbst wenn die rechtlichen Rahmenbedingungen gegeben sind lassen sich Geschäftsmodelle wie autonome Car-Sharing Fahrflotten nicht ohne weiteres verwirklichen. Tesla etwa gibt an, dass kommerzielles Car-Sharing nur über ein Netzwerk von Tesla betrieben werden dürften, wobei nächstes Jahr (Stand 8. Februar 2019) neue Informationen dazu veröffentlicht werden (Tesla 2018).

Auch Datenschutz spielt eine wichtige Rolle und ist eine große Herausforderung. Die Möglichkeiten für Behörden, aus den Fahrdaten Gesetzesverstöße festzustellen oder für Versicherungen Fahrer mit unsicherem Fahrverhalten zu bestimmen sind sehr umstritten, wobei solche Eingriffe in die Privatsphäre von vielen abgelehnt werden (Kollmann und Schmidt 2016, S. 95). Die Datenschutzbestimmungen dürfen jedoch auch nicht allzu restriktiv sein, da sich in diesem Bereich ansonsten keine funktionstüchtigen KI-Technologien, deren Basis die intelligente Vernetzung von Fahrzeugen ist, verwirklichen lassen. Diese Gratwanderung um jene konfliktären Interessen möglichst gut zu bewältigen ist vor allem eine Aufgabe der Politik (Kollmann und Schmidt 2016, S. 95).

4.7 Intelligente Vernetzung von Produktionsanlagen als Anwendung künstlicher Intelligenz im produzierenden Sektor

Auch im Bereich des produzierenden Sektors gibt es eine Vielzahl von unterschiedlichen innovativen Geschäftsmodellansätzen mit künstlicher Intelligenz. Von den insgesamt 49 identifizierten Geschäftsmodellen sind 9 diesem Bereich zuzuordnen. Eine Anwendung, die hierbei in der untersuchten Literatur besonders häufig Erwähnung fand, war die intelligente Vernetzung von Produktionsanlagen. Die endgültige Vision in diesem Bereich ist die integrierte und vernetzte digitale Abbildung und Steuerung der gesamten Wertschöpfungskette, woraus enorme Effizienzvorteile entstehen können (Kaeser 2015, S. 28). In diesem Abschnitt sind aber auch intelligente Vernetzungen von Teilen der Produktionsanlage relevant, da auch diese eine KI-Anwendung sein können und die Vision der völligen Vernetzung noch nicht in Perfektion umgesetzt wurde (Kaeser 2015, S. 28). Hierbei verschwimmen manchmal die Grenzen zwischen Digitalisierung allgemein und künstlicher Intelligenz als Teilaspekt davon. Nicht jede Smart Factory ist auch ein Beispiel eines Geschäftsmodells mit künstlicher Intelligenz, da bei weitem nicht jede intelligente Vernetzung den in Abschnitt 2.2 angeführten Kriterien an Problemlösefähigkeit und Lernfähigkeit für eine künstliche Intelligenz genügt. Erst wenn aus dieser Vernetzung maschinelle Lerneffekte entstehen, das bedeutet, dass die intelligent vernetzten Produktionsanlagen im Zeitablauf immer effektiver und effizienter werden, kann von einer künstlichen Intelligenz im Sinne der Definition von Abschnitt 2.2 gesprochen werden.

4.7.1 Beispiel: Samson

Samson ist ein deutscher Hersteller von verschiedenen Instrumenten zur Mess- und Regeltechnik im B2B Bereich, darunter unter anderem verschiedene Stellventile und mechanische oder elektronische Regler (Knapp und Wagner 2018, S. 162). In diesem Bereich ist der Preisdruck durch die Konkurrenz sehr stark, wobei sich Samson durch intelligente Vernetzung von anderen Herstellern differenziert (Knapp und Wagner 2018, 162f.). Es reicht dabei nicht, dass nur die hergestellten Komponenten vernetzt werden, sondern diese müssen mit dem verbundenen Produktionssystem abgestimmt und darin integriert werden, woraus sich durch intelligente Datenauswertung und intelligente Produktionssteuerung Effizienzvorteile ergeben, die durch Lerneffekte der entsprechenden Anlagen immer weiter ausgebaut werden (Knapp und Wagner 2018, S. 163).

Natürlich ergibt das für Kunden einen besonderen Nutzen, der sich im Endeffekt in Betriebskostenersparnissen durch die intelligente Vernetzung äußert (Knapp und Wagner 2018, S. 163) und eine Innovation der Nutzendimension nach Schallmo (2018) darstellt. Ein Zusatznutzen kann zudem darin bestehen, eventuelle Lerneffekte von einer Produktionsanlage auf andere Anlagen zu transferieren und somit durch die intelligente Gestaltung einer einzigen Fabrik für die gesamte Produktion Vorteile zu schaffen (Bitkom 2017, S. 42). Die bereits erwähnte Differenzierung von der Konkurrenz ermöglicht eine besonders gezielte Ansprache jener Kundengruppen, für die der Mehrwert durch die Vernetzung attraktiver ist, als preislich günstigere Teile von anderen Anbietern, was eine Innovation der Kundendimension darstellt (Schallmo 2018). Auch handelt es sich hierbei um eine Innovation der Finanzdimension nach Schallmo (2018), da der Umsatz nicht mehr nur durch Erlöse aus dem Produktverkauf zustande kommt, sondern integrierte Systemlösungen einen immer größer werdenden Teil der Leistung ausmachen. Diese Innovationen an Kundendimension, Nutzendimension und Finanzdimension bzw. an den Elementen Wer, Was und Wert nach Gassmann et al. (2017) zeigen, dass es sich um ein innovatives Geschäftsmodell im Sinne der Forschungsfrage handelt. Weitergehende Vernetzungen mit Partnern und eine Neuausrichtung der Wertschöpfung ausgelöst durch die digitalen Lerneffekte, was Innovationen an Partnerdimension und Wertschöpfungsdimension nach Schallmo (2018) bedeuten würde, wären im Kontext dieses Bereiches ebenfalls denkbar, auch wenn das im konkreten Beispiel in der Literatur nicht argumentiert wurde.

4.7.2 Chancen und Herausforderungen

Unter den verschiedenen Chancen zählen, wie bereits erwähnt wurde, vor allem Effizienzvorteile mit ihren unterschiedlichen Konsequenzen zu den wichtigsten Aspekten bei diesem Thema. Dies kann durch einige Zahlen veranschaulicht werden. Der Einfluss von KI- Technologie auf den Bereich Produktion wird als besonders bedeutend eingeschätzt, so liegt laut Seifert et al. (2018, S. 19) das durch KI-Technologie verursachte Wachstum im produzierenden Gewerbe in Deutschland bei einem Spitzenwert von 2,3% pro Jahr höher als in jedem anderen Bereich (siehe auch Abschnitt 5). Im Zeitraum von 2019 bis 2023 werden in Deutschland 31,8 Milliarden Euro Wachstum im produzierenden Gewerbe durch künstliche Intelligenz bedingt sein, demgegenüber stehen 68,8 Milliarden Euro Wachstum unabhängig von künstlicher Intelligenz (Seifert et al. 2018, S. 20). Somit verursachen Anwendungen künstlicher Intelligenz in diesem Zeitraum voraussichtlich 31,6% des gesamten Wachstums im Bereich Produktion.

Bei den Risiken wurde in der durchsuchten Literatur auf keine besonderen Herausforderungen hingewiesen, aber natürlich sind die allgemeinen Kontroversen rund um das Thema Automatisierung, Digitalisierung und künstliche Intelligenz, wie etwa ein möglicher Verlust von Arbeitsplätzen oder die Sicherheit von derartigen Technologien auch beim Thema Produktion von hoher Relevanz (Bitkom 2017, 80ff.). Diese allgemeinen Kontroversen und ethischen Fragestellungen rund um das Thema werden aber, wie bereits in der Einleitung (Abschnitt 1) erklärt, nicht weiter ausgeführt.

4.8 Chatbots als Anwendung künstlicher Intelligenz im Service

Die vielfältigen Möglichkeiten von Spracherkennung und Sprachsteuerung wurden in Abschnitt 4.2 bereits näher erklärt. Während diese durch die vielen unterschiedlichen Anwendungsgebiete als „Allgemein" eingestuft wurden, fanden Chatbots, deren Funktionsweise der Spracherkennung und Sprachsteuerung ähnelt, im Bereich Service besonders oft Erwähnung. Auch bei Chatbots geht es darum, Wörter zu erkennen, Regeln der Grammatik sinnvoll umzusetzen und Umgangssprache sowie Kontext zu berücksichtigen, wobei Chatbots aus den geführten Konversationen lernen und sich ständig selbst verbessern (Leukert et al. 2018, 58f.), wodurch hier eine maschinell lernende künstliche Intelligenz im Sinne der Definition in Abschnitt 2.2 vorliegt. Das Einsatzgebiet von Chatbots ist breit und vielfältig, so können sie beispielsweise bei Versicherungen zur raschen Bearbeitung von Kundenanfragen (Hildesheim und Michelsen 2018, S. 136), als Kontaktpunkt zwischen Händler und Käufer (Bitkom 2017, S. 45), als informative und unterhaltsame Reiseführer (Bühler und Maas 2017, S. 48), als intelligenter Ersatz einer Bedienungsanleitung (Hildesheim und Michelsen 2018, S. 135) und in vielen anderen Situationen zur Anwendung kommen, wo auf Kundenseite relativ häufig gestellte Fragen aufkommen, die von einem künstlichen Expertensystem beantwortet werden können. Die verschiedenen Möglichkeiten der künstlichen Intelligenz im Servicebereich sind auch ein Grund für den massiven Ausbau der Technologie in diesem Feld. Nach Angabe der Unternehmensberatung Bitkom (2017) wird im Jahr 2020 bis zu 85% der Kundenkommunikation von KI-Technologien übernommen werden

4.8.1 Beispiel: IBM Watson

Mercedes zum Beispiel verwendet mit der künstlichen Intelligenz „Ask Mercedes", die von einer KI-Software von IBM Watson betrieben wird, einen Chatbot als

Bedienungsanleitung für E- und S-Klasse Fahrzeuge (Hildesheim und Michelsen 2018, S. 135). Während Bedienungsanleitungen üblicherweise unübersichtlich sind und es teilweise schwierig und langwierig ist, darin exakte Antworten auf die jeweiligen Fragen zu finden, gibt der Chatbot schnell und unkompliziert Auskunft (Hildesheim und Michelsen 2018, S. 135). Dies stellt für Kunden einen besonderen Nutzen gegenüber einer herkömmlichen Bedienungsanleitung dar und ist somit eine Innovation der Nutzendimension nach Schallmo (2018). Chatbot-Technologien weisen zudem den Vorteil auf, dass sie sich in unterschiedliche Kundenkanäle integrieren lassen (Bühler und Maas 2017, S. 58), in diesem Fall steht der Chatbotdienst unter anderem auch im Facebook-Messenger zur Verfügung (Hildesheim und Michelsen 2018, S. 135). Dies ist eine Innovation der Kundendimension nach Schallmo (2018). Doch nicht nur die Kundendimension und Nutzendimension werden innoviert, die Leistungs-erstellung an sich ändert sich, da die künstliche Intelligenz mit der individuellen Beantwortung von Kundenanfragen eine Aufgabe übernimmt, die bisher überwiegend von Menschen erledigt wurde, wodurch eine Innovation der Wertschöpfungsdimension erreicht wird. Die Chatbottechnologie von IBM Watson stellt durch Innovationen der Nutzendimension, Kundendimension und Wertschöpfungsdimension nach Schallmo beziehungsweise der Elemente Was, Wer und Wie nach Gassmann et al. (2017) ein innovatives Geschäftsmodell mit künstlicher Intelligenz im Sinne der Forschungsfrage dar.

4.8.2 Chancen und Herausforderungen

Die wichtigste Chance von Chatbots besteht darin, Kundenanfragen schnell, komfortabel, präzise und dennoch personalisiert abwickeln zu können (Hildesheim und Michelsen 2018, S. 135). Daneben bestehen noch eine Reihe weiterer Vorteile, insbesondere Effizienzvorteile durch Automatisierung im Kundenanfragebereich und auch Effizienzvorteile für den Kunden, wie im Beispiel von IBM Watson erkennbar wurde. Eine Herausforderung im Bereich Service ist sicherlich die Befürchtung vieler Kunden, dass technische Lösungen wie Chatbots nicht so gut auf persönliche und individuelle Probleme eingehen können, wie menschliche Angestellte dies vielleicht könnten. Dieser Einwand wird aber durch die Tatsache entschärft, dass die künstliche Intelligenz vor allem für jene Fragen eine Lösung präsentieren sollte, die oft gestellt werden. Sehr spezifische und komplizierte Probleme, für die die künstliche Intelligenz keine Lösung anbieten kann, werden weiterhin von menschlichen Angestellten bearbeitet (Leukert et al. 2018, S. 58). Die Probleme mit Datenschutz, die bei der technisch ähnlichen

Spracherkennung und Sprachsteuerung (siehe Abschnitt 4.2.2) unter den bedeutendsten Herausforderungen waren, wurden im Zusammenhang mit Chatbots in der gefundenen Literatur nicht erwähnt. Das lässt sich darauf zurückführen, dass anders als beim Hauptkritikpunkt der Spracherkennung die Chatbots nicht ständig aktiv sein müssen, um zu erkennen, wann sie gebraucht werden, sondern bei Bedarf zur Verfügung stehen.

4.9 Kinderschutz als Anwendung künstlicher Intelligenz für mehr Sicherheit

Künstliche Intelligenz als Anwendung für Sicherheitszwecke war in der gefundenen Literatur nur bei einer Quelle (Bitkom 2017) Thema, darin wurden allerdings mehrere Möglichkeiten behandelt, wie künstliche Intelligenz den Bereich Sicherheit verändert. Diese Möglichkeiten reichen von Netzwerkschutz und Hackerschutz durch künstliche Intelligenz (Bitkom 2017, 49ff) über einen intelligenten Kinderschutz (Bitkom 2017, 181f.), bis hin zu einer KI-gesteuerten Roboterpolizei (Bitkom 2017, S. 51).

4.9.1 Beispiel: Privalino

Als repräsentatives Beispiel wird in weiterer Folge näher auf den intelligenten Kinderschutz eingegangen, der sexuelle Belästigung von Kindern auf dem Messenger Dienst Privalino verhindern soll. Der Algorithmus erkennt dabei Muster von Gesprächsabläufen, die darauf hindeuten, dass sich sexuelle Belästigung anbahnt, zudem erkennt er Bilder, auf denen sexuell explizite Inhalte sichtbar sind und sperrt die Konversation, bevor die sexuelle Belästigung stattfindet (Bitkom 2017, S. 181). Dies wird möglich durch maschinelle Lernprozesse – der Algorithmus hat dabei einen Datensatz von Konversationen sexueller Belästigung als Grundlage für die Mustererkennung, wobei diese exakter wird, je mehr Konversationen dem Algorithmus zur Verfügung stehen (Bitkom 2017, S. 181). Dadurch handelt es sich bei dieser Anwendung um eine künstliche Intelligenz im Sinne der Definition in Abschnitt 2.2. Die Sicherheit, die durch den Einsatz von künstlicher Intelligenz in diesem Beispiel für einen kindgerechten Messenger Dienst sorgt, stellt einen besonderen Nutzen für Eltern und Kinder dar, womit hier eine Innovation der Nutzendimension nach Schallmo (2018) vorliegt. Während andere Messenger teilweise versuchen, sexueller Belästigung durch Wortlisten oder manueller Moderation entgegenzusteuern, passiert das bei Privalino automatisch und durch die Lernfähigkeit des Algorithmus viel effizienter (Bitkom

2017, S. 181), wodurch hier eine Innovation der Wertschöpfungsdimension nach Schallmo (2018) erkennbar ist. Diese Innovationen an Nutzendimension und Wertschöpfungsdimension, bzw. an den Elementen Was und Wie nach Gassmann et al. (2017) verdeutlichen, dass es sich hiermit um ein innovatives Geschäftsmodell im Sinne der Forschungsfrage handelt.

4.9.2 Chancen und Herausforderungen

Die große Chance im Bereich Sicherheit besteht natürlich bei allen Anwendungsmöglichkeiten logischerweise darin, Risiken zu reduzieren und für mehr Sicherheit zu sorgen. Dem stehen je nach Anwendungsbeispiel verschiedenste Herausforderungen gegenüber. Eine der größten Herausforderungen im gewählten Beispiel ist, dass es im Messenger-Markt schon einige sehr etablierte Dienste gibt, gegen die es schwer ist, als Startup Fuß zu fassen, zumal die Nützlichkeit dieser Dienste steigt, je populärer sie sind und je mehr Menschen man in Folge damit erreichen kann. Abbildung 5 zeigt die zehn Messenger, die einer Statista-Umfrage zufolge vom größten Teil der Bevölkerung regelmäßig genutzt werden und veranschaulicht diesen Sachverhalt sehr deutlich.

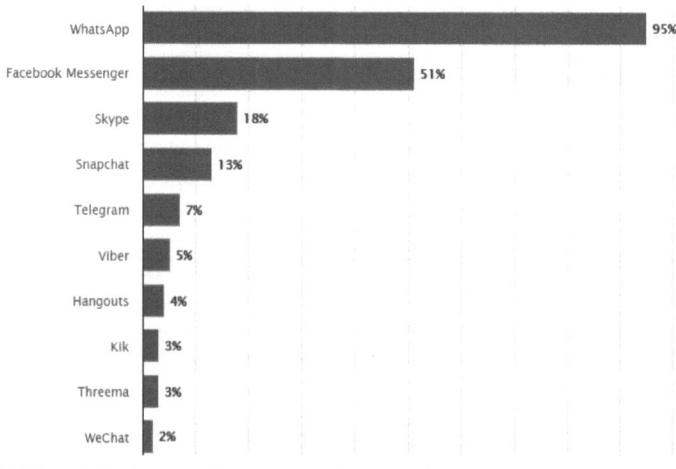

Abbildung 5: Umfrage zur Nutzung von Messenger Diensten (Statista 2017)

Wie hier erkennbar ist wird der beliebteste Messenger Whatsapp von 95% der Bevölkerung regelmäßig genutzt. Der fünftbeliebteste Messenger, Telegram, wird schon nur mehr von 7% der Bevölkerung regelmäßig genutzt. Sich in einem Markt mit solchen Strukturen zu behaupten, ist selbst für ein innovatives Geschäftsmodell wie Privalino eine enorme Herausforderung.

4.10 Auffinden des perfekten Marketing-Mix durch künstliche Intelligenz im Marketing

In den Abschnitten 4.2 bis 4.4 wurde bereits erwähnt, dass sich eine künstliche Intelligenz durch intelligente Analyse der Kundendaten in gewisser Art und Weise für Unternehmen nützlich erweisen kann. Es ist daher nicht überraschend, dass es im Marketing, einer Disziplin bei der der Kunde und die Kundenansprache zentrale Handlungsgegenstände sind, innovative Einsatzmöglichkeiten künstlicher Intelligenz gibt. Leukert (2018, S. 50) schreibt:

> „Im Marketing spielt Maschinelles (sic!) Lernen [...] eine zunehmend wichtige Rolle. Insbesondere dort, wo aufgrund der großen Menge und Komplexität der Daten der Zusammenfluss der in sich strukturierten Einzelinformationen zu einem komplexen und unstrukturiert wirkenden Gesamtbild des Kunden führt, aus dem sich nur schwer Verhaltensmuster ableiten lassen."

Dieser Abschnitt der Arbeit wird sich gezielt mit der Thematik der künstlichen Intelligenz im Marketing auseinandersetzen und behandelt als repräsentatives Beispiel Möglichkeiten zum Auffinden des perfekten Marketing-Mix durch künstliche Intelligenz.

4.10.1 Beispiel: SAP

Dabei geht es vor allem darum, intelligente Programme eine Vielzahl an Daten analysieren zu lassen, wie das zum Beispiel bei SAP Brand Impact geschieht, einem intelligenten Analyseprogramm, dass anhand verschiedener Faktoren die Markenwirkung misst (Leukert et al. 2018, S. 50). Auch andere Firmen, wie etwa *Cocomore* oder *Rocket Fuel*, bieten ähnliche Analyseprogramme (Bitkom 2017, 45ff.). Das Resultat dieser Analyse sollte sein, den Kunden individuell angepasste Angebote zu einem stimmigen Preis über den passenden Kundenkanal im richtigen Moment zukommen zu lassen und somit die Kaufwahrscheinlichkeit und die Kundenbindung zu erhöhen (Leukert et al. 2018, S. 50). Da es sich hierbei um maschinelle Lernprogramme handelt, verbessert sich deren Treffsicherheit im Laufe der Zeit (Leukert et al. 2018, 49ff.), wodurch sie der Definition einer künstlichen Intelligenz von Abschnitt 2.2 entsprechen.

Durch diese Technologie wird das Marketing in Unternehmen zusehends automatisiert (Bitkom 2017, S. 45; Leukert et al. 2018, 49ff.) und menschliche Analyse durch künstliche Intelligenz ersetzt, wodurch hier eine Innovation der Wertschöpfungsdimension nach Schallmo (2018) erkennbar ist. Die Möglichkeit, große komplexe Datenmengen sinnvoll zu verarbeiten um daraus einen besonders effektiven Marketing-Mix abzuleiten stellt eine Innovation der Nutzendimension dar, die dadurch stark verbesserten Möglichkeiten der Kundenansprache zeigen eine Innovation der Kundendimension nach Schallmo (2018). Diese Innovationen an Kundendimension, Nutzendimension und Wertschöpfungsdimension bzw. an den Elementen Wer, Was und Wie nach Gassmann et al. (2017) zeigen, dass es sich um ein innovatives Geschäftsmodell im Sinne der Forschungsfrage handelt.

4.10.2 Chancen und Herausforderungen

Durch effektives Marketing ergeben sich sowohl für Anbieter als auch für Konsumenten Chancen. Erstere profitieren, wie bereits erwähnt, von höherer Kaufwahrscheinlichkeit und höherer Kundenbindung, die Konsumenten jedoch profitieren auch für individuell auf sie zugeschnittene Angebote, sie werden also mit mehr relevanten Werbeinhalten konfrontiert. Daraus ergibt sich im Idealfall eine win-win Situation zwischen Anbietern und Kunden.

Bei den Risiken wurde in der durchsuchten Literatur auf keine besonderen Herausforderungen hingewiesen, wie jedoch bei grundsätzlich allen Bereichen sind auch beim Thema Marketing die Kontroversen rund um das Thema Automatisierung, Digitalisierung und künstliche Intelligenz, wie etwa ein möglicher Verlust von Arbeitsplätzen im Marketing oder der Verlust der Privatsphäre der Kunden von hoher Relevanz (Bitkom 2017, 80ff.). Diese allgemeinen Kontroversen und ethischen Fragestellungen werden aber, wie bereits in der Einleitung (Abschnitt 1) erklärt, nicht weiter ausgeführt.

4.11 Gemeinsamkeiten und Unterschiede von innovativen Geschäftsmodellen mit künstlicher Intelligenz

Nachdem im Vorfeld die Geschäftsmodelle mit künstlicher Intelligenz überblicksartig aufgezeigt wurden, werden vor dem Schlusswort und Ausblick die Gemeinsamkeiten und Unterschiede der verschiedenen Anwendungsbereiche hervorgehoben und zusammengefasst.

4.11.1 Gemeinsamkeiten

Die Eigenschaft, die alle Anwendungsmöglichkeiten gemein haben, sind verschiedenartige Effizienzvorteile im Zusammenhang mit dem Einsatz künstlicher Intelligenz. In den Abschnitten 4.4 bis 4.10 wurde festgestellt, dass die künstliche Intelligenz auf eine gewisse Art und Weise für mehr Effizienz sorgt als die herkömmlichen Technologien in diesen Bereichen. In Abschnitt 4.2 handelte es sich bei der intelligenten Haushaltshilfe mit Sprachsteuerung um eine gänzlich neue Technologie, wodurch es bei diesem konkreten Beispiel schwierig ist, einen Vergleich zur Feststellung von Effizienzvorteilen zu finden – Effizienzvorteile finden sich aber bei anderen erwähnten Anwendungen zur Spracherkennung und Sprachsteuerung, wie etwa bei automatisierten Callcentern. Nur in Abschnitt 4.3 wurden Effizienzvorteile in Frage gestellt, was aber weniger an der KI-Anwendung an sich lag, sondern vielmehr durch grundsätzliche finanztheoretische Überlegungen zu aktivem Investitionsmanagement bedingt war. Nach diesen Abwägungen kann man Effizienzvorteile als gemeinsamen Nenner von innovativen Geschäftsmodellen mit künstlicher Intelligenz festlegen.

Ein anderer Vorteil künstlicher Intelligenz, auf dem viele innovative Geschäftsmodelle aufgebaut sind, ist die Möglichkeit, verdeckte und für den Menschen nicht erkennbare Muster zu identifizieren und daraus wertvolle Schlussfolgerungen zu ziehen. Aus dieser Fähigkeit künstlicher Intelligenz ergaben sich interessante Chancen für die in den Abschnitten 4.3, 4.4, 4.5 und 4.9 vorgestellten Bereiche.

Doch nicht nur unter den Chancen der Geschäftsmodelle, auch bei den Herausforderungen lassen sich Gemeinsamkeiten finden. Besonders strukturelle Probleme, die sich einerseits in strikter Reglementierung und andererseits schwieriger Marktbeschaffenheit manifestieren, können den Einsatz mancher KI-Anwendungen stark verkomplizieren. Datenschutz und der Schutz der Privatsphäre ist für einige Bereiche, wie etwa in Abschnitt 4.2, 4.5 und 4.6 beschrieben, eine heikle und umstrittene Thematik, was sich im Endeffekt in teilweise sehr strengen rechtlichen Vorgaben äußert. In Abschnitt 4.5 und 4.6 wurde beschrieben, dass diese strikten Reglementierungen verhindern, dass die Vorteile der künstlichen Intelligenz in diesen Bereichen voll ausgeschöpft werden können. Doch nicht nur gesetzliche Rahmenbedingungen, sondern auch monopolistische oder oligopolistische Marktstrukturen können, wie etwa in Abschnitt 4.4 und 4.9 näher ausgeführt, ein großes Hindernis zur vollen Entfaltung des Potenzials innovativer Geschäftsmodelle mit künstlicher Intelligenz darstellen.

4.11.2 Unterschiede

Neben den festgestellten Gemeinsamkeiten gab es auch erwähnenswerte Unterschiede zwischen den behandelten Aspekten. So ist anzumerken, dass sich keine eindeutige Tendenz ableiten lässt, auf welche Dimensionen eines Geschäftsmodells sich künstliche Intelligenz innovierend auswirkt. So gab es keine Geschäftsmodelldimension, auf die niemals eine Innovation festgestellt wurde, andererseits gab es aber auch keine Dimension abseits der Nutzendimension, die in jedem Bereich vorkam. Natürlich weisen alle behandelten Geschäftsmodelle eine innovative Nutzendimension auf, da nach Schallmo (2018) aber eine Geschäftsmodellinnovation eine Innovation der Nutzendimension beinhalten muss, ist dies keine Gemeinsamkeit, sondern bloß eine logische Konsequenz der Definition innovativer Geschäftsmodelle in dieser Arbeit.

Ein interessanter inhaltlicher Gegensatz, der erkennbar ist, ist einerseits die Befürchtung, dass KI-Technologie durch Automatisierung zu einem Verlust an persönlichem, individualisiertem Service führt (siehe Abschnitt 4.8) und andererseits die Fähigkeit einer KI, stärker personalisiert und individualisiert auf Kunden eingehen zu können (siehe etwa Abschnitt 4.10) als bisherige Technologien dies erlauben. Dieses scheinbare Paradox zeigt Ängste im Zusammenhang mit Digitalisierung und künstlicher Intelligenz auf, die teilweise aber irrational und wenig faktisch begründet scheinen und durch stärkere Aufklärung über die tatsächlichen Möglichkeiten künstlicher Intelligenz womöglich beseitigt werden könnten. Das soll aber keinesfalls indizieren, dass es keine berechtigten Ängste zum Thema künstliche Intelligenz gibt, denn manche Aspekte wie zum Beispiel die Frage nach dem Verlust von Arbeitsplätzen lösen selbstverständlich gewisse Sorgen aus, die auch, wie in Abschnitt 5 erläutert wird, eine faktische Grundlage haben. Vielmehr verdeutlicht es, dass Ängste im Zusammenhang mit künstlicher Intelligenz genau zu hinterfragen sind.

5 Schlusswort und Ausblick

Nachdem im Vorfeld durch die Darstellung ausgewählter Beispiele von innovativen Geschäftsmodellen mit künstlicher Intelligenz die derzeitigen Ansätze in diesem Bereich überblicksmäßig aufgezeigt wurden, wird die Arbeit in diesem letzten Absatz noch durch einen Ausblick in die Zukunft dieser Thematik abgerundet.

Wie schon mehrfach erwähnt wurde, gibt es Befürchtungen, dass künstliche Intelligenz massenhaft Arbeitsplätze vernichten wird. Während auf diese allgemeine Befürchtung rund um künstliche Intelligenz im Vorfeld nicht eingegangen wurde, weil das zu weit von der eigentlichen Kernfragestellung entfernt war, wird dieses Thema im Sinne eines Ausblickes auf die Zukunft kurz untersucht. Das Argument, dass viele KI-Technologien menschliche Arbeitskraft überflüssig machen, steht üblicherweise dem Argument gegenüber, dass auf der anderen Seite Menschen gebraucht werden, diese Technologien zu entwickeln und zu überwachen (Bitkom 2017, 98ff.). Auf volkswirtschaftlicher Ebene betrachtet geht es hier um die Frage, ob künstliche Intelligenz eher ein Substitut oder ein Komplement für menschliche Arbeitskraft darstellt. DeCanio (2016) hat sich mittels einer Untersuchung von Daten zur US-Produktivität näher mit diesem Problem auseinandergesetzt. Dabei zeigte sich, dass menschliche Arbeitskraft mit künstlicher Intelligenz in einer Substitutionsbeziehung steht, die im produzierenden Sektor besonders sensibel ist und schneller in Einkommensverlusten von Arbeitern resultiert als in anderen Bereichen (DeCanio 2016, S. 280). Tatsächlich besteht das Risiko, dass 40-50% aller Arbeitskräfte in den nächsten Jahrzehnten von künstlicher Intelligenz ersetzt werden könnten (DeCanio 2016, S. 289). Je besser dabei die Fähigkeiten der künstlichen Intelligenz werden, umso stärker werden die Löhne fallen und umso stärker wird die soziale Ungleichheit zunehmen – es sei denn, die finanziellen Mittel aus dem Einsatz künstlicher Intelligenz werden über breite Teile der Bevölkerung verteilt (DeCanio 2016, 289f.). Die Ergebnisse von DeCanio (DeCanio 2016, 280ff.) liefern Evidenz für die Befürchtung eines möglichen desaströsen Einflusses künstlicher Intelligenz auf die Gesellschaft und zeigen die Dringlichkeit auf, in Zukunft einen Mechanismus zur Verteilung von Einkünften aus künstlicher Intelligenz einzurichten, um diesen Einfluss abzufedern. Während der volkswirtschaftliche Ausblick auf die zukünftige Arbeitswelt mit künstlicher Intelligenz enorme Herausforderungen im Umgang mit dieser Technologie und deren Wirken auf die Arbeitsmärkte aufzeigt, zeigt sich andererseits, dass die bestehende Arbeit interessanter wird. Jarrahi (2018, S. 577) argumentiert, dass künstliche Intelligenz zu einer symbiotischen Beziehung zwischen Mensch und Technologie am Arbeitsplatz führen wird, wobei beiderseitige Vorteile voll und ganz ausgeschöpft werden können und zu optimalen Ergebnissen führen werden.

Doch nicht nur für Arbeiter, auch für die Firmen selbst wird künstliche Intelligenz zukünftig ein immer wichtigerer Erfolgsfaktor sein. Makridakis (2017, S. 46) schreibt, dass vor allem jene Firmen Wettbewerbsvorteile erringen werden, die sich intensiv mit digitalen Möglichkeiten auseinandersetzen und in diesem Bereich unternehmerische Risiken eingehen. Dies steht im Einklang mit den Wachstumsmöglichkeiten durch künstliche Intelligenz, die für verschiedene Bereiche prognostiziert werden. Abbildung 6 zeigt das in den nächsten fünf Jahren prognostizierte durch künstliche Intelligenz ausgelöste jährliche Wachstum der Bruttowertschöpfung für verschiedene Wirtschaftszweige in entwickelten Volkswirtschaften und verdeutlicht das Wertschöpfungspotenzial künstlicher Intelligenz.

Abbildung 6: Jährliches Wachstum durch KI in verschiedenen Wirtschaftszweigen (Seifert et al. 2018, S. 19)

Wie bereits schon in Abschnitt 4.7.2 erwähnt, ist das produzierende Gewerbe jener Bereich, auf dessen Wachstum sich künstliche Intelligenz am stärksten auswirken wird. Dies fügt sich mit der Erkenntnis, dass dieser Bereich auch jener ist, dessen Arbeitssituation am sensibelsten auf Entwicklungen künstlicher Intelligenz reagiert (DeCanio 2016, S. 280), zu einem stimmigen Gesamtbild zusammen – der produzierende Sektor scheint in mehrfacher Hinsicht von künstlicher Intelligenz in näherer Zukunft am stärksten betroffen zu sein.

Zusammenfassend lässt sich sagen, dass die Zukunft mit künstlicher Intelligenz eine Zukunft wird, in der weniger, aber dafür interessantere Einsatzmöglichkeiten für menschliche Arbeitskraft bestehen und in der künstliche Intelligenz für große Umwälzungen sorgen wird. In dieser Arbeit wurde überblicksartig aufgezeigt, wofür man künstliche Intelligenz bereits verwendet und verwenden kann, wodurch gleichzeitig auch ein Abbild der vielfältigen Chancen und Herausforderungen in diesem Feld geschaffen wurde. Nach diesem Überblick steht fest, dass künstliche Intelligenz das Potenzial hat, das Leben der Menschen (zum Besseren oder Schlechteren) stark zu verändern. Zudem wurde auch der disruptive Charakter von Geschäftsmodellen mit künstlicher Intelligenz offengelegt, der in der Geschäftswelt für noch mehr Volatilität, Unsicherheit, Komplexität und Ambiguität sorgen wird. Es wird zunehmend schwieriger werden und zuletzt unmöglich sein, mit etablierten Technologien und Geschäftsmodellen gegen die innovativen Geschäftsmodelle mit künstlicher Intelligenz wettbewerbsfähig zu bleiben, daher sind nicht nur gravierende Veränderungen an der Gesellschaft, sondern auch an der Wirtschaft zu erwarten. Ob dies in einer Dystopie resultiert, in der wenige Menschen gewaltigen Reichtum akkumulieren und viele Menschen zunehmend arbeits- und auch perspektivlos werden oder in einer Utopie, in der intelligente Systeme unser aller Leben einfacher, komfortabler und sicherer machen, hängt vor allem von der Fähigkeit der Politik ab, den durch KI-Technologie geschaffenen Reichtum zu verteilen. In diesem Sinne wird die Arbeit durch ein Zitat von Stephen Hawking beendet, das diesen Sachverhalt abschließend sehr treffend auf den Punkt bringt:

> „The rise of powerful AI will be either the best or the worst thing ever to happen to humanity. We do not yet know which."
>
> Stephen Hawking z.n. Makridakis (2017, S. 47)

Schlusswort und Ausblick

Bereich	Unternehmen	Anwendung	Quelle
Allgemein	Smacc	Robotisierung von sekundären Aufgaben in der Wertschöpfungskette (HR, Finance, etc)	Mc Kinsey & Company 2017, S. 34; Hildesheim et al. 2018. S. 126 & S. 132ff; Bitkom 2017, S. 185; Kharchenko et al. 2018, S. 395
Allgemein	SAP, Movinga	Vollautomatisierte ERP Systeme, gesteuert von digitalen Agenten	Leukert et al. 2018, S. 41ff.; Bitkom 2017, S.43
Allgemein	Amazon, Google, Apple	Spracherkennung, Sprachsteuerung zur effizienteren oder automatisierten Gestaltung von Abläufen	Herbrich 2018, S. 69ff.; Reichel et al. 2018, S. 77ff.; Hildesheim et al. 2018, S. 126; Hilbert et al. 2018, S. 178f.; Lu et al. 2018, S. 370; Kharchenko et al. 2018, S. 384
Allgemein	Amazon	Intelligente Textanalyse	Herbrich 2018, S. 71; Lu et al. 2018, S. 371; Wagner 2018, S. 25
Allgemein	5Analytics	Intelligente Auswertung großer Datenmengen für diverse Zwecke	Bitkom 2017, S. 186
Allgemein	Narrative Science	Automatische Umwandlung von Rohdaten in aufbereitete Formen wie Berichte, Dokumente oder Powerpoint Präsentationen	Kollmann & Schmidt 2016, S. 111; Wagner 2018, S. 28; PwC 2018, S. 4
Allgemein	k.A.	Natural Language Processing: Übertragung von natürlicher Sprache in standardisierten Text, um Entscheidungsfindung und Wissensgenerierung in weiterer Folge zu unterstützen	Wess 2018, S. 152ff; Hilbert et al. 2018, S. 178f.; Lu et al. 2018, S. 371; PwC 2018, S. 4
Allgemein	Formel 1	KI unterstützte Hochleistungsforschung, KI übernimmt Priorisierung von Aufgaben und koordinative Aufgaben	Mc Kinsey & Company 2017, S. 34

Bereich	Unternehmen	Anwendung	Quelle
Allgemein	SAP, Hub:raum	Automatisierung von HR - Prozessen (Bewerberauswahl, Bewerbungsunterlagen überprüfen, Stellenausschreibungen), eliminierung von Vorurteilen (Gender bias zum Beispiel) durch den Einsatz objektiver KI	Leukert et al. 2018, S. 52f.; Bitkom 2017, S. 44
Finanzen	Fukoku	Einfache Fallbearbeitung für Standardfälle von Versicherungsunternehmen durch KI	Hildesheim et al. 2018, S. 126; Bitkom 2017, S. 50
Finanzen	Deep Knowledge, Damantis	Automatische Anlage- und Investitionsentscheidungen durch eine KI, die Markttrends erkennt, die für Menschen nicht ersichtlich sind, darunter auch automatische Aktienanalyse durch KI	Bitkom 2017, S. 43; Lu et al. 2018, S. 370; Wu et al. 2014, S. 4f.; Moro et al. 2015, S. 1322; Schimanski & Matyschik 2017, S. 89ff.
Finanzen	k.A.	Analyse von Zahlungsmustern und Daten, um mögliche Betrugsfälle aufzudecken	Wu et al. 2014, S. 3f.; Bogdan 2018, S. 38 & S. 47ff.; PwC 2018, S. 4
Finanzen	Ginmon	Anlageberatung durch KI	Hildesheim et al. 2018, S. 126; Sennewald 2017, S. 111ff.; PwC 2018, S. 4
Finanzen	k.A.	Neuronale Netzwerke zur Risikoanalyse in komplexen Datenmengen - unter anderem Auswertung von Kreditkartendaten, um Ausfallrisiken festzustellen	Wu et al. 2014, S. 3; Moro et al. 2015, S. 1322

Schlusswort und Ausblick

Bereich	Unternehmen	Anwendung	Quelle
Finanzen	Munich Re	Early Loss Detection: Auswertung und Analyse von gewaltigen Nachrichtenmengen, um ein möglichst effizientes und schnelles Schadenmanagement zu ermöglichen	Wess 2018, S. 147ff.; Bitkom 2017, S. 176; Wu et al. 2014, S. 2f.
Handel	Amazon	Vollautomatisierter KI-gestützter Supermarkt, in dem sämtliche Wartezeiten eliminiert werden	Herbrich 2018, S. 66
Handel	Saturn, Media Markt	Verkaufsroboter für direkte Kundeninteraktion	Bitkom 2017, S. 47
Handel	Blue Yonder, Otto	Effizienzsteigerung durch KI Prognosesystem (auch im Bereich Retouren, Restbestände & Inkasso)	Bitkom 2017, S. 47; Hillebrand & Finger 2015, S. 93ff.
Handel	Amazon, Domino's Pizza	Zustellung per Drohne	Herbrich 2018, S. 67; Bitkom 2017, S. 49
Marketing	Sensape	Intelligente Bildverarbeitungsprogramme im Verkaufsbereich, um Kunden direkt zu analysieren und ihnen individuell ansprechende Angebote zukommen zu lassen	Bitkom 2017, S. 46
Marketing	SAP, Amazon, Rocket Fuel, Kairion, Cocomore, Activision Blizzard	Auffinden des perfekten Marketing - Mix durch den Einsatz von künstlicher Intelligenz, automatische Kundenanalyse und Nachfrageprognose	Leukert et al. 2018, S. 49f.; Herbrich 2018, S. 69f.; Bitkom 2017, S. 45 & S. 178f.; PwC 2018, S. 4

Bereich	Unternehmen	Anwendung	Quelle
Medizin	Google, IBM, Microsoft; Intendu; Your.MD	Vorbeugung und prädiktive Analytik durch KI	Bogdan 2018, S. 38 & S. 43ff.; PwC 2018, S. 4; Garbuio & Lin 2018, S. 13f.
Medizin	IBM Watson, Shanghai Changzheng-Krankenhaus	Therapievorschlag nach KI gesteuerter Analyse von Patientendaten	Hildesheim et al. 2018, S. 127; Bitkom 2017, S. 52; Kaeser 2015, S. 27; Bach et al. 2017, S. 285; Bogdan 2018, S. 35 & S. 40ff.; PwC 2018, S. 4
Medizin	DxCloud; Billy Care; eCare21	Überwachung von Patienten durch KI Technologie und Alarmierung von Einsatzkräften im Notfall	Garbuio & Lin 2018, S. 15
Medizin	k.A.	Hilfestellung für Personen mit Beeinträchtigung, Blinde werden die Emotionen der Mitmenschen durch KI mitgeteilt, Gebärden-Avatar als Übersetzer für Taubstumme, etc.	Bitkom 2017, S. 52; Weber 2017, S. 223
Medizin	k.A.	Ein Roboter, der durch Machine Learning lernt, was sein Besitzer mag und ein Mittel gegen Einsamkeit darstellt	Bogdan 2018, S. 150
Medizin	Your.MD, Ada	Eine KI (z. B. ein Chatbot), die gesundheitliche (inkl. psychische) Probleme erkennt und Hilfe dafür bereitstellt.	Bitkom 2017, S. 52; Garbuio & Lin 2018, S. 13
Medizin	k.A.	Anwendung in der Genforschung, automatische Erkennung von Korrelationen in großen Datenmengen	Hildesheim et al. 2018, S. 134

Bereich	Unternehmen	Anwendung	Quelle
Mobilität	k.A.	Persönliche Kopiloten	Bitkom 2017, S. 50
Mobilität	Fraport	Intelligente Erfassung und Steuerung von Verkehrsströmen, um lange Schlangen, Staus und Wartezeiten zu vermeiden	Bitkom 2017, S. 50; PwC 2018, S. 4
Mobilität	Google, Tesla, Volkswagen, Metro Riyadh	Autonome Fahrzeuge und die damit verbundenen Möglichkeiten	Mc Kinsey & Company 2017, S. 23; Hildesheim et al. 2018, S. 127; Hilbert et al. 2018, S. 173; Kaeser 2015, S. 27; Degenhart 2015, S. 53ff.; Kollmann & Schmidt 2016, S. 93; Seifert et al. 2018, S. 14; PwC 2018, S. 4
Produktion	Neuron Soundware	Durch KI verbesserte Predictive Maintenance	Mc Kinsey & Company 2017, S. 24; Seifert et al. 2018, S. 14; PwC 2018, S. 4
Produktion	k.A.	Kooperierende Roboter, die sich ihrem Arbeitsumfeld "bewusst" sind und dementsprechend darauf reagieren	Mc Kinsey & Company 2017, S. 26; Seifert et al. 2018, S. 14
Produktion	k.A.	Intelligente Assistenzsysteme in der Fertigung	Seifert et al. 2018, S. 14
Produktion	Qualicent Analytics	KI gesteuerte Qualitätskontrolle und verringerte Ausschussware durch KI Überprüfung	Mc Kinsey & Company 2017, S. 28; Seifert et al. 2018, S. 14
Produktion	Aerialtronics	Drohnenüberwachte Produktionsabläufe, Monitoring und Überwachung technischer Anlagen durch intelligente Drohnen	Bitkom 2017, S. 45

Bereich	Unternehmen	Anwendung	Quelle
Produktion	Nanotronics, Amazon	Automatisierte Qualitätskontrolle	Mc Kinsey & Company 2017, S. 30; Herbrich 2018 S. 68; Hildesheim et al. 2018, S. 138; Seifert et al. 2018, S. 14
Produktion	Blue Yonder, Schaeffler, Hitachi, DHL, Volkswagen, Cargonexx	KI gesteuertes Supply Chain Management und KI gesteuerte Logistiksysteme	Mc Kinsey & Company 2017, S. 32; Bitkom 2017, S. 41 & S. 48; Bach et al. 2017, S. 281f.; PwC 2018, S. 4
Produktion	IBM Watson	Reduktion des Energieverbrauchs durch KI gesteuerte Mustererkennung	Hildesheim et al. 2018, S. 134; Kaeser 2015, S. 26; Kollmann & Schmidt 2016, S. 98f.; Seifert et al. 2018, S. 14; PwC 2018, S. 4
Produktion	Samson, John Deere, Bosch, Adidas	Intelligente Vernetzung von Produktionsanlagen bzw. Teilen davon/ Intelligente Vernetzung von Produktteilen	Knapp & Wagner 2018, S. 163; Bitkom 2017, S. 42; Kaeser 2015, S. 28; Lu et al. 2018, S. 371; Seifert et al. 2018, S. 14; PwC 2018, S. 4
Service	SAP, RWE, ING Direct	Automatisiertes KI gesteuertes Kundenmanagement; effizienteres Kundenanfragenmanagement	Leukert et al. 2018, S. 51; Bitkom 2017, S. 44 & S. 177; Kollmann & Schmidt 2016, S. 101; Kharchenko et al. 2018, S. 393; PwC 2018, S. 4
Service	Bezirksverwaltung North London Borough	Persönlicher KI Assistent für die Bearbeitung von Bürgeranliegen	Bitkom 2017, S. 51
Service	YQP & Roman Lipsky	Eine KI "Muse", die zur Aufgabe hat, Künstler zu unterstützen und zu inspirieren	Bitkom 2017, S. 191

Bereich	Unternehmen	Anwendung	Quelle
Service	SAP, Amazon, Deutsche Telekom, Lufthansa, eBay, Zalando, Cognigy	Chatbots und die damit verbundenen Möglichkeiten	Leukert et al. 2018, S. 51 & S. 57ff.; Herbrich 2018, S. 70; Hildesheim et al. 2018, S. 135ff.; Hilbert et al. 2018, S. 178f.; Bitkom 2017, S. 45f. & S. 182f.; Bühler & Maas 2017, S. 57
Sicherheit	Xain	KI gestützte Blockchaintechnologie zum Schutz von Netzwerken und sensibler Daten	Bitkom 2017, S. 190
Sicherheit	Cisco Systems	Schutz durch ständige KI Analyse und Gefahrenerkennung vor Hackerangriffen	Bitkom 2017, S. 49
Sicherheit	Regierung Dubai	Roboterpolizei, die die Aufgaben der normalen Polizei übernimmt	Bitkom 2017, S. 51
Sicherheit	Privalino	KI gesteuerter Kinderschutz, der erkennt, wenn sich sexuelle Belästigung anbahnt	Bitkom 2017, S. 51 & S. 181

Literaturverzeichnis

Bach, Norbert; Rimbach, Maximilian; Wolf, Sebastian (2017): Wertschöpfungspotenziale durch Digitalisierung – Eine Analyse der Kosten- und Differenzierungstreiber von Dienstleistungen. In: Manfred Bruhn und Karsten Hadwich (Hg.): Dienstleistungen 4.0. Wiesbaden: Springer Fachmedien Wiesbaden, S. 269–295.

Bitkom (2017): Künstliche Intelligenz. Wirtschaftliche Bedeutung, gesellschaftliche Herausforderungen, menschliche Verantwortung, zuletzt geprüft am 28.01.2019.

Bogdan, Boris (2018): Künstliche Intelligenz in der Medizin. In: Boris Bogdan (Hg.): MedRevolution, Bd. 4. Berlin, Heidelberg: Springer Berlin Heidelberg, S. 29–61.

Bühler, Pascal; Maas, Peter (2017): Transformation von Geschäftsmodellen in einer digitalisierten Welt. In: Manfred Bruhn und Karsten Hadwich (Hg.): Dienstleistungen 4.0. Wiesbaden: Springer Fachmedien Wiesbaden, S. 43–70.

Buxmann, Peter; Schmidt, Holger (Hg.) (2018): Künstliche Intelligenz. Berlin, Heidelberg: Springer Berlin Heidelberg, zuletzt geprüft am 22.11.2018.

Carbonell, Jaime; Ryszard, Michalski; Mitchell, Tom (2017): An Overview of Machine Learning. In: Michael Paluszek und Stephanie Thomas (Hg.): MATLAB machine learning, Bd. 20. New York: Apress, S. 3–15, zuletzt geprüft am 22.11.2018.

DeCanio, Stephen J. (2016): Robots and humans – complements or substitutes? In: *Journal of Macroeconomics* 49, S. 280–291. DOI: 10.1016/j.jmacro.2016.08.003.

Degenhart, Elmar (2015): Sicher – Effizient – Intelligent: Digitale Neuausrichtung verändert Fahrzeugtechnik und Zulieferindustrie. In: Thomas Becker und Carsten Knop (Hg.): Digitales Neuland. Wiesbaden: Springer Fachmedien Wiesbaden, S. 49–61.

Fabry, Clemens (2018): Alexa verschickt Privatgespräch an Arbeitskollegen. In: *Die Presse*, 25.05.2018. Online verfügbar unter https://diepresse.com/home/techscience/5435475/Alexa-verschickt-Privatgespraech-an-Arbeitskollegen.

Garbuio, Massimo; Lin, Nidthida (2018): Artificial Intelligence as a Growth Engine for Health Care Startups: Emerging Business Models. In: *California Management Review*, 000812561881193. DOI: 10.1177/0008125618811931.

Gassmann, Oliver; Frankenberger, Karolin; Csik, Michaela (2017): Geschäftsmodelle entwickeln. 55 innovative Konzepte mit dem St. Galler Business Model Navigator. 2. Auflage. München: Hanser (Hanser eLibrary).

Gassmann, Oliver; Frankenberger, Karolin; Weiblen, Tobias; Csik, Michaela (2013): The 4I-framework of business model innovation: a structured view on process phases and challenges. In: *IJPD* 18 (3/4), S. 249. DOI: 10.1504/IJPD.2013.055012.

Gerpott, Torsten J. (2013): Strategisches Technologie-- und Innovationsmanagement. 2., überarbeitete und erweiterte Auflage. Stuttgart [Germany]: Schäffer-Poeschel Verlag (Sammlung Poeschel - Band 162).

Goertzel, Ben; Pennachin, Cassio (Hg.) (2007): Artificial General Intelligence. Berlin, Heidelberg: Springer Berlin Heidelberg (Cognitive Technologies).

Gurkaynak, Gonenc; Yilmaz, Ilay; Haksever, Gunes (2016): Stifling artificial intelligence: Human perils. In: *Computer Law & Security Review* 32 (5), S. 749–758. DOI: 10.1016/j.clsr.2016.05.003.

Herbrich, Ralf (2018): Künstliche Intelligenz bei Amazon Spitzentechnologie im Dienste des Kunden. In: Peter Buxmann und Holger Schmidt (Hg.): Künstliche Intelligenz. Berlin, Heidelberg: Springer Berlin Heidelberg, S. 63–75.

Hilbert, Marc; Neukart, Florian; Ringlstetter, Christoph; Seidel, Christian; Sichler, Barbara (2018): KI-Innovation über das autonome Fahren hinaus. In: Peter Buxmann und Holger Schmidt (Hg.): Künstliche Intelligenz, Bd. 51. Berlin, Heidelberg: Springer Berlin Heidelberg, S. 173–185.

Hildesheim, Wolfgang; Michelsen, Dirk (2018): Künstliche Intelligenz im Jahr 2018 – Aktueller Stand von branchenübergreifenden KI-Lösungen: Was ist möglich? Was nicht? Beispiele und Empfehlungen. In: Peter Buxmann und Holger Schmidt (Hg.): Künstliche Intelligenz, Bd. 542. Berlin, Heidelberg: Springer Berlin Heidelberg, S. 119–142.

Hillebrand, Rainer; Finger, Lars (2015): Einkaufen in der Zukunft: Wie die Digitalisierung den Handel verändert. In: Thomas Becker und Carsten Knop (Hg.): Digitales Neuland. Wiesbaden: Springer Fachmedien Wiesbaden, S. 89–101.

Jarrahi, Mohammad Hossein (2018): Artificial intelligence and the future of work: Human-AI symbiosis in organizational decision making. In: *Business Horizons* 61 (4), S. 577–586. DOI: 10.1016/j.bushor.2018.03.007.

Kaeser, Joe (2015): From Data to Business: Neue Geschäftsmodelle deutscher Industrieunternehmen. In: Thomas Becker und Carsten Knop (Hg.): Digitales Neuland. Wiesbaden: Springer Fachmedien Wiesbaden, S. 23–35.

Kharchenko, Anastasia; Kleinschmidt, Tim; Karla, Jürgen (2018): Callcenter 4.0 – Wie verändern Spracherkennung, Künstliche Intelligenz und Robotic Process Automation die bisherigen Geschäftsmodelle von Callcentern. In: *HMD*, S. 383–397. DOI: 10.1365/s40702-018-0405-y.

Knapp, Peter; Wagner, Christian (2018): Künstliche Intelligenz schafft neue Geschäftsmodelle im Mittelstand. In: Peter Buxmann und Holger Schmidt (Hg.): Künstliche Intelligenz. Berlin, Heidelberg: Springer Berlin Heidelberg, S. 161–172.

Kollmann, Tobias; Schmidt, Holger (Hg.) (2016): Deutschland 4.0. Wiesbaden: Springer Fachmedien Wiesbaden.

Leukert, Bernd; Müller, Jürgen; Noga, Markus (2018): Das intelligente Unternehmen: Maschinelles Lernen mit SAP zielgerichtet einsetzen. In: Peter Buxmann und Holger Schmidt (Hg.): Künstliche Intelligenz. Berlin, Heidelberg: Springer Berlin Heidelberg, S. 41–62.

Lu, Huimin; Li, Yujie; Chen, Min; Kim, Hyoungseop; Serikawa, Seiichi (2018): Brain Intelligence: Go beyond Artificial Intelligence. In: *Mobile Netw Appl* 23 (2), S. 368–375. DOI: 10.1007/s11036-017-0932-8.

Makridakis, Spyros (2017): The forthcoming Artificial Intelligence (AI) revolution: Its impact on society and firms. In: *Futures* 90, S. 46–60. DOI: 10.1016/j.futures.2017.03.006.

Manhart, Klaus (2018): Eine kleine Geschichte der künstlichen Intelligenz. In: *Computerwoche* 2018, 17.01.2018. Online verfügbar unter https://www.computerwoche.de/a/eine-kleine-geschichte-der-kuenstlichen-intelligenz,3330537,2, zuletzt geprüft am 06.11.2018.

Marsland, Stephen (2015): Machine learning. An algorithmic perspective. Second edition. Boca Raton, FL: CRC Press (Chapman & Hall / CRC machine learning & pattern recognition series), zuletzt geprüft am 22.11.2018.

McKinsey & Company (2017): Smartening up with Artificial Intelligence (AI) - What's in it for Germany and its Industrial Sector?, zuletzt geprüft am 27.01.2019.

Moro, Sérgio; Cortez, Paulo; Rita, Paulo (2015): Business intelligence in banking: A literature analysis from 2002 to 2013 using text mining and latent Dirichlet allocation. In: *Expert Systems with Applications* 42 (3), S. 1314–1324. DOI: 10.1016/j.eswa.2014.09.024.

nachrichten.at (2019): Wettkampf an der JKU: Künstliche Intelligenz schlägt menschliche Experten. In: *Oberösterreichische Nachrichten*, 10.02.2019. Online verfügbar unter https://www.nachrichten.at/oberoesterreich/wettkampf-an-der-jku-kuenstliche-intelligenz-schlaegt-menschliche-experten;art4,3100306.

pwc (2018): Künstliche Intelligenz als Innovationsbeschleuniger im Unternehmen. Zuversicht und Vertrauen in Künstliche Intelligenz, zuletzt geprüft am 31.01.2019.

Redaktion Chip/ DPA (2019): Amazon nennt erstmals Verkaufszahlen: 100 Mio. Geräte mit Assistentin Alexa verkauft. Online verfügbar unter https://www.chip.de/news/Amazon-nennt-erstmals-Verkaufszahlen-100-Mio.-Geraete-mit-Assistentin-Alexa-verkauft_156898523.html, zuletzt geprüft am 03.02.2019.

Reichel, Markus; Baum, Lorenz; Buxmann, Peter (2018): Anwendung eines sprachbasierten KI-Dienstes in der Gesundheitsbranche am Beispiel der Entwicklung eines Alexa-Skills. In: Peter Buxmann und Holger Schmidt (Hg.): Künstliche Intelligenz. Berlin, Heidelberg: Springer Berlin Heidelberg, S. 77–93.

Scarcello, Francesco (2019): Artificial Intelligence. In: Encyclopedia of Bioinformatics and Computational Biology: Elsevier, S. 287–293.

Schallmo, Daniel R. A. (2018): Geschäftsmodelle erfolgreich entwickeln und implementieren. Berlin, Heidelberg: Springer Berlin Heidelberg, zuletzt geprüft am 22.11.2018.

Schallmo, Daniel R.A. (2014): Kompendium Geschäftsmodell-Innovation. Wiesbaden: Springer Fachmedien Wiesbaden, zuletzt geprüft am 22.11.2018.

Schimanski, Jörn; Matyschik, Oliver (2017): Damantis: automatisierte Aktienanalyse. In: Victor Tiberius und Christoph Rasche (Hg.): FinTechs. Wiesbaden: Springer Fachmedien Wiesbaden, S. 89–97.

Searle, John R. (1980): Minds, brains, and programs. In: *The Behavioral and Brain Sciences* (3), S. 417–457, zuletzt geprüft am 22.11.2018.

Seifert, Inessa; Bürger, Matthias; Wangler, Leo; Christmann-Budian, Stephanie; Rohde, Marieke; Gabriel, Peter; Zinke, Guido (2018): Potenziale der künstlichen Intelligenz im produzierenden Gewerbe in Deutschland. Studie im Auftrag des Bundesministeriums für Wirtschaft und Energie (BMWi) im Rahmen der Begleitforschung zum Technologieprogramm, zuletzt geprüft am 29.01.2019.

Statista (2017): Welche Messenger nutzen Sie regelmäßig? Hg. v. Statista. Online verfügbar unter https://de.statista.com/prognosen/810085/umfrage-in-deutschland-zu-beliebten-instant-messengern, zuletzt geprüft am 13.02.2019.

Statistik Austria: Anteil der Online-Käufer an der österreichischen Bevölkerung von 2010 bis 2018. In: Statista - Das Statistik-Portal. Online verfügbar unter https://de.statista.com/statistik/daten/studie/298302/umfrage/nutzung-von-online-shopping-in-oesterreich/., zuletzt geprüft am 05.02.2019.

Steiner, Manfred; Bruns, Christoph; Stöckl, Stefan (2012): Wertpapiermanagement. Professionelle Wertpapieranalyse und Portfoliostrukturierung. 10., überarbeitete Auflage. Stuttgart: Schäffer-Poeschel (Handelsblatt-Bücher).

Tesla (2018): Hardware für autonomes Fahren in allen Fahrzeugen. Online verfügbar unter https://www.tesla.com/de_AT/autopilot, zuletzt geprüft am 08.02.2019.

Tiberius, Victor; Rasche, Christoph (Hg.) (2017): FinTechs. Wiesbaden: Springer Fachmedien Wiesbaden.

Tkáč, Michal; Verner, Robert (2016): Artificial neural networks in business: Two decades of research. In: *Applied Soft Computing* 38, S. 788–804. DOI: 10.1016/j.asoc.2015.09.040.

Turing, Alan (1936): On Computable Numbers, with an Application to the Entscheidungsproblem. In: *Proceedings of the London Mathematical Society*, S. 230–265, zuletzt geprüft am 22.11.2018.

Turing, Alan M. (2009): Computing Machinery and Intelligence. In: Robert Epstein, Gary Roberts und Grace Beber (Hg.): Parsing the Turing Test. Dordrecht: Springer Netherlands, S. 23–65.

Vahs, Dietmar; Burmester, Ralf (2002): Innovationsmanagement. Von der Produktidee zur erfolgreichen Vermarktung. 2., überarb. Aufl. Stuttgart: Schäffer-Poeschel (Praxisnahes Wirtschaftsstudium).

Wang, Pei (2007): The Logic of Intelligence. In: Ben Goertzel und Cassio Pennachin (Hg.): Artificial General Intelligence. Berlin, Heidelberg: Springer Berlin Heidelberg (Cognitive Technologies), S. 31–62.

Wu, Desheng Dash; Chen, Shu-Heng; Olson, David L. (2014): Business intelligence in risk management: Some recent progresses. In: *Information Sciences* 256, S. 1–7. DOI: 10.1016/j.ins.2013.10.008.

Zirm, Jakob (2017): Alexa geht nun doch in den Zeugenstand. In: *Die Presse*, 08.03.2017. Online verfügbar unter https://diepresse.com/home/techscience/technews/5180515/Alexa-geht-nun-doch-in-den-Zeugenstand.